CATALOGUE

DU FONDS
DE

L. TURGIS & FILS

ÉDITEURS D'ESTAMPES ET D'IMAGERIE RELIGIEUSES
IMPRIMEURS — COMMISSIONNAIRES

MÉDAILLE D'ARGENT
1878

Année 1893

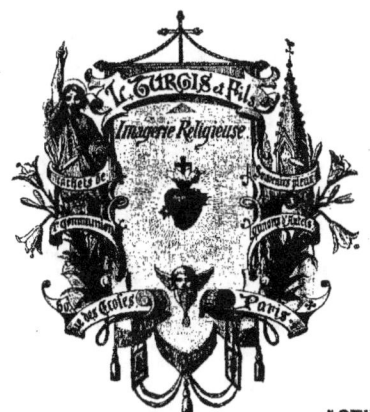

ACTUELLEMENT
55, Rue St-Placide, 55

PARIS
60 — RUE DES ÉCOLES — 60

New-York, J. TURGIS et Cᵒ, Barclay, St., 39.

CATALOGUE

DU FONDS

DE

L. TURGIS & FILS

ÉDITEURS D'ESTAMPES ET D'IMAGERIE RELIGIEUSES

IMPRIMEURS — COMMISSIONNAIRES

MÉDAILLE D'ARGENT
1878

Année 1893

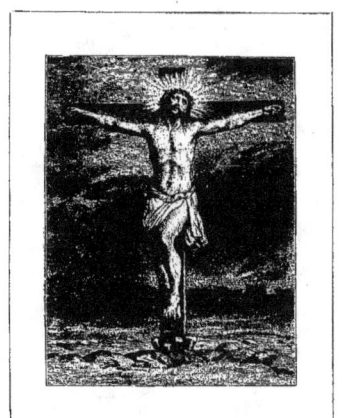

PARIS
60 — RUE DES ÉCOLES — 60

New-York, J. TURGIS et C°, Barclay, St., 39.

OBSERVATIONS

Ce catalogue annule tous les précédents ; nous prions donc nos correspondants de vouloir bien faire leurs commandes sur ce dernier exclusivement, afin d'éviter toute erreur.

Les prix sont établis uniquement pour la vente en gros ; une remise est accordée sur ces prix.

Nous n'expédions aucune marchandise à condition et n'acceptons par conséquent aucun retour.

Pour les envois faits par la poste, le prix de l'affranchissement est joint au montant de la facture.

Les payements s'effectuent de la manière suivante :

Pour MM. les voyageurs, contre remboursement et arrhes, en nous adressant leur commande.

Pour MM. les correspondants établis en province qui nous auront indiqué de notables maisons de Paris comme références, une traite à 90 jours.

Et pour MM. les correspondants à l'étranger, par l'envoi approximatif du montant de leur demande en valeurs sur Paris.

Toute commande de 10 francs et au-dessous peut nous être soldée en timbres-poste.

Nous ne répondons pas du transport des marchandises, qui sont toujours expédiées aux frais des destinataires ; en cas de perte ou d'avaries, les réclamations devront être adressées à l'administration qui l'aura effectué.

Nous expédierons par la voie qui nous paraîtra la plus avantageuse pour nos clients lorsqu'ils ne nous en auront indiqué aucune.

Indépendamment du titre français, la presque totalité de nos sujets porte également le titre en espagnol et en anglais. L'imagerie religieuse en dentelle se fait aussi en texte allemand, anglais, espagnol et italien au verso.

Ceux de nos correspondants qui désireraient faire lithographier des sujets spéciaux, pourront nous en faire la demande : nous nous entendrons alors pour le prix et l'exécution.

OBSERVATIONS

This Catalogue annuls all preceding ones. We request our correspondents to give their orders according to this exclusively, in order to avoid all misunderstandings.

The prices are regulated only for *wholesale*, subject to a discount.

We send no goods on *approbation*, and consequently will accept nothing sent back.

When goods are sent by post the price of postage is added to the bill.

The payments are made in the following manner :

For the Pedlars, by means of reimbursements and deposits, when sending the orders.

For correspondents established in the provinces, who can refer to respectable houses in Paris, by a draft at 90 days.

And for correspondents abroad, by sending the amount of their order in a bill payable in Paris.

All orders of 10 francs and under can be paid by French postage-stamps.

We do not hold ourselves responsible for goods sent, which are always forwarded at the expense of the receiver ; in case of loss or injury, complaints are to be addressed to those who charged themselves with the carriage.

We shall send the goods by the way which appears to us most advantageous for our customers, unless they mention another.

Nearly all the engravings and pictures have the title not only in French but also in Spanish and English.

The Religious engravings with lace can be had with the text in German, English, and Spanish on the back.

Those of our correspondents who may desire to have special subjects lithographed can address themselves to us. We shall then have an understanding as to the price and execution.

OBSERVACIONES

Este catálogo anula todos los precedentes; y para evitar todo error, rogamos á nuestros corresponsales que se dignen hacer sus pedidos enteramente al tenor de este último, solo vigente.

Los precios se han establecido solamente para la venta al por mayor, sobre los cuales se hará la correspondiente rebaja.

No expedimos ninguna mercancía bajo condición, y por consiguiente no aceptamos ninguna devolución.

Respecto á los envíos hechos por el correo, adicionamos el importe del franqueo á la suma total de la factura.

Los pagos se efectúan del modo siguiente :

Los Señores viajantes, contra reembolso y enviando una cantidad á cuenta al dirigirnos los pedidos.

Los Señores corresponsales establecidos en las provincias, que nos hayan indicado algunas casas importantes de París en su abono, por medio de una letra de cambio á 90 días.

Y finalmente, los Señores corresponsales del extranjero, por medio del envío aproximativo del importe de sus pedidos en valores sobre París.

Todo pedido de 10 francos abajo puede abonársenos en sellos de correo.

No respondemos de modo alguno del transporte de las mercancías, que siempre son expedidas por cuenta y riesgo de los destinatarios; en caso de pérdida ó de averías, los interesados deberán dirigir sus reclamaciones á la administración de la empresa que haya efectuado el transpore.

Haremos el envío por la via que nos parezca más ventajosa á todos nuestros clientes que no nos hayan indicado ninguna.

Además del rótulo en francés, casi la totalidad de nuestras estampas lo llevan también en español y en inglés. La imagería religiosa calada con ó sin margen de encaje se hace igualmente con el texto en alemán, en inglés ó español al verso.

Todos nuestros corresponsales que quisieren hacer litografiar algunos asuntos especiales, podrán dirigirnos el encargo; en este caso nos entenderemos previamente respecto al precio y ejecución.

Zur Beachtung.

Durch gegenwärtigen Katalog werden alle vorherigen annullirt. Wir bitten deshalb unsere geehrte Kundschaft, nach diesem letztern ihre Bestellungen machen zu wollen, damit jedem Irrthum vorgebeugt werde.

Die hier vermerkten Preise beziehen sich blos auf den Engros-Verkauf; ein Nachlaß wird auf diese Preise gewährt.

Wir effektuiren keine Sendung auf Probe, so daß keine Rücksendung stattfinden kann.

Bei allen Sendungen durch die Post wird die Frankatur in Aufstellung der Rechnung mitberechnet.

Die Zahlungen geschehen folgendermaßen :

Bei Bestellungen seitens der Herren Reisenden durch Vorschuß.

Bei Bestellungen seitens unserer in der Provinz wohnenden Kundschaft, die uns als Referenz ein solvables Haus in Paris aufgegeben haben, durch Tratte auf 90 Tage.

Bei Bestellungen seitens unserer auswärtigen Kundschaft durch ungefähre Einsendung des Betrages der aufgegebenen Ordre.

Jede Bestellung unter und bis zu 10 Franken kann in Briefmarken bezahlt werden.

Wir übernehmen keine Verantwortung für den Transport der Waaren, die allemal auf Kosten der Empfänger expedirt werden; im Fall von Verlust oder Beschädigung müssen die Reklamationen stets an die Behörde gerichtet werden, welche die Sendung besorgt hat.

Falls das Gegentheil nicht gewünscht wird, expediren wir alle Sendungen auf dem für unsere Kunden vortheilhaftestem Wege.

Neben dem französischen Titel führt fast unsere ganze Auflage noch den englischen und spanischen. Die Spitzenbildchen mit deutschem, englischem, spanischem und italienischem Text sind stets vorräthig.

Die Ausführung anderer von unserer Kundschaft gewünschter lithographischer Sujets wird nach vorheriger Uebereinkunft bestens besorgt.

TABLE

IMAGERIE	Grandes et petites vignettes	7 à 9
	Imagerie en feuilles et en dentelle (diverses séries)	9 à 13
	Impressions sur gélatine. — Scapulaires	14
	Photographies. — Dentelles blanches. — Surprises en dentelles.	15
	Petits Noëls. — Souvenirs de première communion	16
	Cachets de première Communion, gravure chromo	17
CHROMOLITHOGRAPHIE	Imagerie chromo en feuilles et en dentelles	18 à 19
	Souvenirs Mortuaires, gravures, chromo	20
	Sujets d'encadrement religieux (divers formats)	23 à 24
SUJETS RELIGIEUX	Sujets religieux moyen format, hauteur et travers	25 à 26
	Compositions tirées de l'histoire sacrée	26
	Sujets de sainteté (divers formats)	27 à 28
	Galerie religieuse	28
	Articles d'exportation : Sujets de sainteté	29 à 34
	Articles d'exportation : Impressions en couleurs	32
	Grandes et petites Études	35 à 36
	Sujets de la Vie de Jésus-Christ. — Saintetés filet or. — Musée chrétien . . .	37
	Canons d'autel. — Chemins de Croix	38 à 39
	Chemins de Croix en oléographie. — En chromo dépliant	40
	Chemins de Croix. — Voie Douloureuse. — Golgotha	40 à 41
SUJETS DE FANTAISIE	Sujets de genre et d'Histoires	45 à 46
	Grands sujets de fantaisie	48
	Chevaux et voitures. — Paysages. — Chasses. — Compositions pour salle à manger	49 à 50
	Courses de taureaux. — Batailles. — Marines. — Vues des capitales et ports de mer	51 à 53
	Gravures anciennes	54
ARTICLES CLASSIQUES	Atlas et cartes géographiques	56
	Cours de dessin pour Études. — De figures et académies. — D'animaux. — De fleurs. — Fruits. — Oiseaux. — Ornements	57
	Albums pour le dessin de la figure et académie	58
	Modèles d'Écritures. — Lettres ornées. — Chiffres. — Pavillons. — Blasons. Enluminure et Ornementation	59
	Albums de lettres	60

IMAGERIE
CHROMO & GRAVURE

ESCOMPTES

Les n°s 1, 2, 3, au dessous de chaque numéro d'ordre, indiquent l'escompte que nous accordons à la série, soit :

N° 1 . . . . = ⎯⎯⎯⎯⎯⎯⎯⎯⎯⎯

— 2 . . . . = ⎯⎯⎯⎯⎯⎯⎯⎯⎯⎯

— 3 . . . . = ⎯⎯⎯⎯⎯⎯⎯⎯⎯⎯

IMAGERIE RELIGIEUSE   PAGE 7

CATALOGUE
DU FONDS DE
L. TURGIS & FILS
PARIS — 60, rue des Ecoles, 60 — PARIS

GRANDES VIGNETTES

SÉRIE DE SUJETS RELIGIEUX GRAVÉS AVEC LE PLUS GRAND SOIN POUR LIVRES DE PRIÈRES

AVEC TEXTES CHOISIS AU RECTO ET AU VERSO

(TEXTES FRANÇAIS ET ALLEMAND)

FORMAT IN-18

Dans cette série, les demandes peuvent être faites par douzaine de même sujet ou assorties

No 1. Vénérable Gérard Majella (Rédemptoriste).
— 2. Sainte Marguerite de Cortone.
— 3. Montrez-vous à moi, ô Jésus... (Noël).
— 4. Jésus est né... (Noël).
— 5. Celui-ci est mon fils bien-aimé... (Noël).
— 6. Sa Sainteté Léon XIII (Portrait).
— 7. Consummatum est (Christ en croix).
— 8. Marie Immaculée.
— 9. Sainte Thérèse.
— 10. Sainte Madeleine.
— 11. Sainte Rose de Lima.
— 13. Notre-Dame des Sept-Douleurs.
— 14. Saint Vincent de Paul.
— 15. Saint Louis de Gonzague.
— 16. Sacré Cœur de Jésus.
— 17. Saint Cœur de Marie.
— 18. Mater Dolorosa.
— 19. Ecce Homo.
— 20. Saint Antoine de Padoue.
— 21. Le Patriarche Saint Joseph.
— 22. Sainte Anne.
— 23. Jesu pater pauperum.
— 24. Sainte Colette.
— 25. Le Bon Pasteur.
— 26. La Divine Bergère.
— 27. L'archange Raphaël.
— 28. Notre-Dame de la Piété.
— 29. Je suis la lumière du monde.
— 30. Reine de tous les Saints.
— 31. Saint François d'Assise (vision des plaies).
— 32. Sainte Anne.
— 33. Saint François de Paule.
— 34. Saint Stanislas de Kostka.
— 35. Saint Ignace de Loyola.
— 36. Saint François d'Assise.
— 37. Saint Michel Archange.
— 38. Saint Gaétan.
— 39. Saint Louis Roi.
— 40. Saint Charles Borromée.
— 41. Sainte Catherine Vierge-Martyre.
— 42. La Communion spirituelle.
— 43. Les O de Noël.
— 44. Saint Alphonse de Liguori.
— 45. Saint Patrick. — Sainte Brigitte.

No 46. L'Ange Gardien.
— 47. Jésus rencontrant sa mère.
— 48. Acte de foi.
— 49. Le Christ mort sur les genoux de sa mère.
— 49 bis. Le Cœur agonisant de Jésus.
— 50. Je suis attaché à la Croix avec Jésus-Christ.
— 51. Les sept douleurs et les sept allégresses de saint Joseph.
— 52. Souvenez-vous de vos fins dernières (Retraite).
— 53. Donnez-moi l'humilité (Mois de Marie).
— 54. Vivez et combattez comme moi.
— 55. Dévotion au Sacré Cœur de Jésus.
— 56. Ange Gardien.
— 57. Le Chrétien fidèle.
— 58. La Mort du Chrétien.
— 59. L'Asile du Repentir.
— 60. Le plus doux Souvenir.
— 61. Notre-Dame des Sept-Douleurs (avec médaillons).
— 62. L'Eucharistie.
— 63. Effusion du Sang divin.
— 64. Courage et Persévérance.
— 65. L'Assomption.
— 66. Le Rêve du Calvaire (Noël).
— 67. Visite au Saint Sacrement.
— 68. La Pentecôte.
— 69. Souvenir de l'amour de Jésus.
— 70. Amour à la sainte Eglise.
— 71. La Bse M. Marie Alacoque.
— 72. Le mois du Sacré-Cœur.
— 73. Je me tiens à la porte et je frappe.
— 74. Noël (Mon petit Jésus, j'ai été bien sage, récompensez votre petit frère).
— 75. La Pensée de la Mission divine.
— 76. La Salutation angélique.
— 77. Les Sept Douleurs de Marie.
— 78. Armoiries de N.-S. Jésus-Christ.
— 79. Armoiries de la Sainte Vierge.
— 80. Antienne à la Sainte Vierge pendant l'Avent.
— 81. Antienne à la Sainte Vierge de la Purification au Jeudi Saint.
— 82. Antienne à la Sainte Vierge pendant le temps pascal.
— 83. Antienne à la Sainte Vierge de la Trinité à l'Avent.
— 84. Jésus, Marie, Joseph.
— 85. L'Angélus.
— 86. La Salutation angélique.
— 87. Fête de la Protection de saint Joseph.

- N° 88. L'Etendard (vœux d'une religieuse).
- — 89. Tout est consommé (Christ en croix).
- — 90. Acte d'Espérance.
- — 91. Justus incomparabilis (Saint Joseph).
- — 92. Mater admirabilis.
- — 93. A Bethléem (Noël).
- — 94. Saint Jean Berchmans (Portrait).
- — 95. Saint Jean Berchmans (mourant).
- — 96. Sainte Madeleine (baisant les pieds du Christ).
- — 97. Christ à la colonne.
- — 98. Enfant Jésus debout sur la croix.
- — 99. Jésus dans l'Eucharistie.
- — 100. Nª Sª de las Mercedes.
- — 101. Ordinations. Tonsure.
- — 102. — Ordres mineurs.
- — 103. — Sous-diaconat.
- — 104. — Diaconat.
- — 105. — Prêtrise.
- — 106. — Première Messe.
- — 107. Sacré Cœur de Jésus.
- — 108. Saint Cœur de Marie.
- — 109. Noël (Je suis l'ami des humbles).
- — 110. Noël, Noël, le petit Jésus est né, réjouissons-nous.
- — 111. La Communion du jour de Noël.
- — 112. Santa Rita de Casia.
- — 113. Sainte Catherine de Sienne.
- — 114. Le Bon emploi du temps.
- — 115. Comment on devient riche pour le ciel.
- — 116. Mois de Saint Joseph.
- — 117. Acte de remerciement.
- — 118. Noël (Roi de lumière).
- — 119. Saint Raphaël, archange.
- — 120. Mois de Marie (le Saint Scapulaire).
- — 121. Le Credo, Je crois en Dieu.
- — 122. Noël, Venez! venez! venez!
- — 123. Donnez! donnez! (Le Christ tendant la main.)
- — 124. Ma première Communion (garçon).
- — 125. — — (fille).
- — 126. Sacré Cœur de Jésus (emblème).
- — 127. Saint Cœur de Marie —
- — 128. Me voici, mon enfant (le Christ).
- — 129. O Marie, j'ai mis ma confiance (la Vierge).
- — 130. Acte d'amour.
- — 131. Saint Pierre (buste).
- — 132. Saint Paul —
- — 133. Mon cœur... Voilà la demeure, etc. (Noël).
- — 134. Avant la Communion.
- — 135. Après la Communion.
- — 136. Les Ames du Purgatoire (communion).
- — 137. Le poste d'Amour (sujet de la garde d'honneur, 1ᵉʳ office).
- — 138. La Vierge à la Chaise.
- — 139. La Vierge au raisin.
- — 140. Le 19 mars. Un jour à Nazareth.
- — 141. C'est le mois de Marie.
- — 142. La dévotion à Saint Joseph.
- — 143. Le mois de Marie en famille.
- N° 144. Prière pour les Agonisants.
- — 145. L'Épiphanie.
- — 146. Voilà ce Roi qui fait trembler Hérode (Noël).
- — 147. Saint Thomas d'Aquin.
- — 149. Sainte Marie, Mère de Dieu.
- — 150. La Couronne.
- — 151. Le Voile.
- — 152. Le Crucifix.
- — 153. Notre-Dame du Perpétuel Secours.
- — 154. La très précieuse offrande (sujet de la garde d'honneur, 2ᵉ office).
- — 155. Sainte Élisabeth.
- — 156. Sainte Cécile.
- — 157. Saint Roch (sujet en pied).
- — 158. Saint François de Sales.
- — 159. Saint Dominique.
- — 160. Le Patriarche Saint Joseph.
- — 161. La France se consacrant au Sacré Cœur.
- — 162. Notre-Dame du Sacré-Cœur.
- — 163. Saint-Joseph du Sacré-Cœur.
- — 164. Le Ciel dans notre cœur.
- — 165. Le Chérubin et l'Ame.
- — 166. Saint Vincent Ferrier.
- — 167. Sainte Hélène.
- — 168. Saint Raphaël, archange.
- — 169. La Patience dans la maladie.
- — 170. La Moisson des Vertus.
- — 171. Allons à Bethléem (Noël).
- — 172. Saint Roch.
- — 173. La 4ᵉ garde d'honneur (les protecteurs de la garde d'honneur).
- — 174. Le dernier Sommeil.
- — 175. La Sainte Trinité (2 figures).
- — 176. La Sainte Trinité (3 figures).
- — 177. L'Adoration réparatrice (sujet de la garde d'honneur, 3ᵉ office).
- — 178. La Mère de l'amour divin.
- — 179. Saint Joseph gardien de l'enfant Jésus.
- — 180. Les croix de l'âme et du corps.
- — 181. Mois de Marie.
- — 182. Voici votre Dieu (Noël).
- — 183. Le Patriarche Saint Joseph.
- — 184. Union au Sauveur perpétuellement immolé (sujet de la garde d'honneur, 4ᵉ office).
- — 185. Mois de Marie.
- — 186. Sainte Philomène.
- — 187. L'arbre de la dévotion au Sacré-Cœur (sujet de la garde d'honneur).
- — 196. Le Don suprême (Souvenir de Communion).
- — 197. Actions de Grâce.
- — 198. Aimez-le comme Il vous aime (Noël).
- — 199. La Royauté du Cœur de Jésus (Le Roi de la garde d'honneur).
- — 200. Saint Joseph du Sacré-Cœur (buste).
- — 201. Notre-Dame du Sacré-Cœur (—).
- — 202. Souvenir de première communion.
- — 203. Noël. Adorons le petit enfant Jésus
- — 204. La supplication perpétuelle (5ᵉ office du garde d'honneur).

Cette collection se continue

DIVERSES FABRICATIONS ET PRIX DE LA SÉRIE DES GRANDES VIGNETTES

Sujet noir avec marges blanches, sans filet or	Le cent	10 francs
Sujet noir sans marges, avec filet or	—	12 —
Sujet couleur, sans marges, avec filet or	—	40 —
Bordure dentelle. { Sujet noir avec filet or	La douzaine	2 —
Sujet couleur avec filet or	—	6 —

Avec un feuillet sujet emblème de communion, adapté aux images spéciales pour communion, la douzaine. **2 fr. 75**

Souvenirs mortuaires. { Bien des sujets dans cette série peuvent être choisis pour Souvenir mortuaire et se vendent comme suit : le verso en blanc ou avec le texte que l'on désirerait, avec filet deuil au recto et au verso.
Pour avoir un texte spécial, il faut prendre au moins 50 images du même sujet.

Sujet noir avec filet deuil, recto et verso, sans texte au verso	Le cent	10 francs
— — texte spécial au verso : Pour composition du texte net	—	5 —
— — Tirage	—	3 —

GRANDES VIGNETTES
Imprimées sur gélatine blanche, filet or

Sujet noir	3 francs la douzaine.
Sujet colorié	12 —
Sujet noir, bordure fleurs peintes à la main	8 —

SÉRIE 300

SÉRIE DE SUJETS RELIGIEUX GRAVÉS AVEC LE PLUS GRAND SOIN POUR LIVRES DE PRIÈRES

AVEC TEXTES CHOISIS FRANÇAIS, ALLEMAND ET ESPAGNOL AU RECTO ET AU VERSO

FORMAT IN-32

Dans cette série, les demandes peuvent être faites par douzaine de même sujet ou assorties.

N° 301. Notre-Dame du Sacré-Cœur.	N° 308. La patience dans la maladie.	N° 316. Le Divin Consolateur.
— 302. Saint-Joseph du Sacré-Cœur.	— 309. Saint Louis de Gonzague.	— 317. L'Agneau de Dieu.
— 303. Souvenir de communion (filles).	— 310. Saint Antoine de Padoue.	— 318. Le Sanctuaire du Verbe.
— 304. Dévotion au Sacré Cœur de Jésus.	— 311. Sacré Cœur de Jésus.	— 319. Sacré Cœur de Jésus.
— 305. Saint Joseph.	— 312. Saint Cœur de Marie.	— 320. Saint Cœur de Marie.
— 306. Sainte Anne.	— 313. Le Sauveur du monde.	— 321. Doux nom de Jésus.
— 307. La moisson des vertus.	— 314. Le petit Saint-Jean.	— 322. Doux nom de Marie.
	— 315. Le Pain des Anges.	

DIVERSES FABRICATIONS ET PRIX DE LA SÉRIE 300

Se vend en feuilles de 16 sujets de 2 numéros sur la feuille, soit 301 et 302, 303 et 304, etc.

	En feuilles sujet noir....................	Le cent de feuilles.	30 francs.
	— couleur....................	—	150 —
	Sujet noir sans marges blanches, avec filet or.......	Le paquet de 16 images.	0 fr. 60 cent.
	— couleur sans marges blanches, avec filet or.....	—	1 60
Bordure dentelle.	— noir avec filet or....................	La douzaine.	0 80
	— couleur avec filet or....................	—	1 80

SÉRIE 2000

25 SUJETS VARIÉS SUR LA FEUILLE 1/2 JÉSUS, GRAVÉS AU BURIN SUR PLANCHE D'ACIER

AVEC TEXTES EN TOUTES LANGUES, AU RECTO ET AU VERSO DE CHAQUE IMAGE

N° 2001. Enfants Jésus.	N° 2006. Saint Cœur de Marie.	N° 2011. Sujets de communion.
— 2002. Sujets sur Jésus dans l'Eucharistie.	— 2007. Sujets de communion.	— 2012. Sacrés Cœurs, Saints.
— 2003. Saintes.	— 2008. Sacrés Cœurs de Jésus et Marie.	— 2013. Saints.
— 2004. Saints.	— 2009. Saints, Saintes et Vierges.	— 2014. Leçons de l'Enfant Jésus.
— 2005. Sacré Cœur de Jésus.	— 2010. Le signe de la Croix (figures).	— 2015. Saints.

DIFFÉRENTES FABRICATIONS ET PRIX DE LA SÉRIE 2000
EN FEUILLES

Sujet noir.. Le cent de feuilles.	40 francs.
— couleur.. —	225 —
— noir avec bordure deuil ordinaire (noir ou bleu pour enfants)..... —	50 —
— — — argent. —	75 —
— pour découper des feuilles par 100 images........ Net.	0 fr. 15
— pour un filet deuil au verso pour 100 images........ —	0 60

EN DENTELLES DITES AJUSTÉES (format in-18)

Les 13 sujets qui composent la douzaine sont variés et ne peuvent se vendre séparément. Chaque sujet est découpé dans une dentelle à jour ajustée à chacun.

Dentelle ajustée.	Sujet noir........................... La douzaine	0 fr. 80 cent.
—	— couleur........................... —	2 »
—	— noir pailleté........................ —	2 75
—	— couleur pailleté...................... —	4 50
—	— avec bouquet....................... —	2 »

DÉCOUPURES — SÉRIE 1000

Planches Gravées au Burin sur Acier, avec Texte au recto et au verso de chaque Image
EN
FRANÇAIS, ANGLAIS, ALLEMAND, ESPAGNOL, ITALIEN
16 Sujets variés sur la feuille 1/2 raisin. — Format de l'image in-18.

- N° 1001. Les Croix du Chrétien.
- — 1002. Jésus la voie et la vie.
- — 1003. Christs et Vierges (ovales doubles).
- — 1004. Christs et Vierges.
- — 1005. Enfants Jésus.
- — 1006. Les conseils d'une mère.
- — 1007. Motifs sur le Sacré Cœur de Jésus.
- — 1008. Motifs sur le Sacré Cœur de Jésus.
- — 1009. Protection de Saint Joseph.
- — 1010. Protection de Saint Joseph.
- — 1011. Saints.
- — 1012. Saints.
- — 1013. Saint Joseph (16 fois répété).
- — 1014. Saintes.
- — 1015. Sacré Cœur de Jésus (16 fois répété).
- — 1016. Saint Cœur de Marie — —
- — 1017. Saintes.
- — 1018. Enfants Jésus.
- — 1019. Sujets de Noël (Enfants Jésus).
- — 1020. Sujets de Noël (Vierges et Enfants Jésus).
- — 1021. Chrétien, souviens-toi !
- — 1022. Chrétien, souviens-toi ! (Suite du n° précédent).
- — 1023. Notre-Dame du Rosaire avec 15 médaillons représentant les 15 mystères.
- N° 1023 bis. Le Chemin de Croix avec 14 médaillons représentant les 14 stations.
- — 1024. Notre Dame de Lourdes (Apparition).
- — 1025. Chrétien, souviens-toi ! (Suite des n°s 1021, 1022).
- — 1026. Emblèmes de Communion, Calices.
- — 1027. Immaculée Conception de Murillo.
- — 1028. Sujets de Communion (Actes avant la communion).
- — 1029. Sujets de Communion (Actes après la communion).
- —*1030. Saints Anges gardiens avec enfants.
- — 1031. Emblèmes de Communion (tabernacles).
- —*1032. Motifs sur la Vierge.
- — 1033. Christs en croix avec prières spéciales.
- — 1034. Motifs sur le Sacré Cœur de Jésus.
- — 1035. Noël (Enfants Jésus).
- — 1036. Saint Dominique (Motifs sur sa vie).
- — 1037. Motifs de Communion.
- — 1038. Motifs sur les âmes du Purgatoire.
- — 1039. Saint Antoine de Padoue (Motifs sur sa vie).
- — 1040. Sainte Famille (4 sujets différents).
- — 1041. Communiantes.
- — 1041 bis. Communiants.
- — 1042. Saint Louis de Gonzague (Motifs sur sa vie).
- — 1043. Emblèmes de Communion.
- — 1044. Motifs sur Saint Louis de Gonzague et Stanislas.
- — 1045. Motifs sur Saint Joseph.

* Les n°s 1030 et 1032 se vendent sur dentelle à jour fond iris et or. Prix la douzaine. 1 fr. 50

DIFFÉRENTES FABRICATIONS ET PRIX DE LA SÉRIE 1000
EN FEUILLES

Sujet noir..	Le cent de feuilles.	30 francs.
— couleur............................	—	150 —
— noir avec bordure deuil ordinaire bordure noire ou bleue pour enfants	—	40 —
— argent........................	—	60 —
Pour découpe des feuilles par 100 images, net...........		0 fr. 15
Pour mettre un filet deuil au verso de chaque image, par 100 images, net.		0 — 60

DIFFÉRENTES FABRICATIONS ET PRIX DE LA SÉRIE 1000
EN DENTELLES DITES AJUSTÉES

Les 13 sujets qui composent la douzaine sont variés et ne peuvent se vendre séparément. Chaque sujet est encadré dans une dentelle à jour ajustée à chacun.

Dentelle ajustée.	Sujet noir...............................	La douzaine	1 fr. »
—	— couleur.....................	—	2 — 25
—	— noir pailleté.................	—	3 — 50
—	— couleur —	—	5 — 50
—	— noir avec bouquet de fleurs formant surprise......	—	2 — 25
—	— couleur. —	—	3 — 50

Chaque image de cette série se vend aussi jointe à une image dentelle série 500, formant ainsi image double, sans prière au dos des images, pour lettres d'avis de naissance ou souvenir de baptême, ou memento dans toutes circonstances.

Image double en noir..................................	La douzaine	2 fr. 25
Image de la série seulement jointe à une dentelle blanche.........	—	1 — 75

IMAGERIE RELIGIEUSE   PAGE 11

5
(1)

DÉCOUPURES — SÉRIE 500-600

Planches Gravées au Burin sur Acier, avec Texte au verso de chaque Image

FRANÇAIS, ALLEMAND, ANGLAIS, ESPAGNOL, ITALIEN

16 Sujets, tous différents, sur la feuille 1/2 raisin. — Format de l'image in-18.

Nº 501. Sujets (*Derniers moments d'une âme pieuse*).
— 502. Saint Vincent de Paul (*Motifs variés sur sa vie*).
— 503. Saint François d'Assise (— —).
— 504. Emblèmes de communion (*Souvenirs*).
— 505. La Madre Sma de la Luz.   (16 fois.)
— 506. Motifs de confiance envers Marie.
— 507. Allons à Jésus.
— 509. Sujets de 1ʳᵉ Communion.
— 510. Sujets pour souvenirs mortuaires.
— 511. Sujets pour souvenirs mortuaires.
— 529. SS. Cœurs de Jésus et de Marie (*Vierges*).
— 537. Les œuvres de miséricorde.
— 540. Le Calvaire et l'Autel.
— 541. Les Croix du Chrétien.
— 542. Les Dons du Saint-Esprit.
— 543. Les Litanies de la Sainte Vierge.
— 544. La Médaille miraculeuse.
— 545. Jésus la voie et la vie.
— 546. Christs et Vierges.
— 547. Les Quinze mystères du Rosaire.
— 548. SS. Cœurs de Jésus et de Marie.
— 549. Le Psautier de Saint Bonaventure.
— 550. Les Consolations du Chrétien.
— 551. L'Église sortie du Cœur de Jésus.
— 552. Notre-Dame de la Salette (*Apparition*).   (16 fois.)
— 553. — de Lourdes.   —
— 554. — de Pontmain.
— 555. L'Âme unie à Dieu.
— 556. Les fleurs de la Vierge Marie.
— 557. Christs et Vierges.
— 558. Manifestation du Sacré-Cœur (*Apparition*).
— 559. L'Ange protecteur.
— 560. Sujets variés.
— 561. Saints et Saintes.
— 562. Les Croix.
— 563. Enfants Jésus.
— 564. Suivons Jésus.
— 565. Les Saintes Invitations de Jésus.
— 566. Dévotion du Sacré Cœur de Jésus.
— 567. Les huit Béatitudes.
— 568. Notre-Dame du Sacré-Cœur.   (16 fois.)
— *569. Le Cœur de Jésus ouvert à tous.
— *570. Le Cœur d'une mère.
— 571. Notre-Dame de Lourdes seule.   (16 fois.)
— 572. La Vie mystique de l'âme.
— 573. Saint Joseph du Sacré-Cœur.   (16 fois.)
— 574. Saint-Joseph du Sacré-Cœur (*buste*).   —
— 575. Stabat Mater.
— 576. Sacré Cœur de Jésus.
— 577. SS. Cœurs, Christs et Vierges.
— 578. Jésus dans l'Eucharistie.
— 579. A travers l'Évangile.
— 580. Les glorieuses Humiliations.
— 581. Saint Patrick.   (16 fois.)
— 582. Notre-Dame du Mont-Carmel avec les âmes.

Nº 583. Souvenirs de Communion.
— 584. Le Don de Dieu (*Sujets de Communion*).
— 585. L'Immaculée Conception avec les anges.   (16 fois.)
— 586. Le Pape Léon XIII.
— 587. Mémorial du grand jour (*Communion*).
— 588. Le Pasteur des petits agneaux.
— 589. Le Chemin de Croix de l'âme
— 589 bis. Le Chemin de Croix de l'âme (*suite*).
— 590. Le Trésor de l'âme (*Sujets de Communion*).
— 591. Le divin pasteur des âmes.
— 592. Les Croix de l'Âme et du Corps.   (16 fois.)
— 593. Nª Sª de las Mercedes.   —
— 594. El Santo Niño de Atocha.   —
— 595. Nrª Srª de Guadalupe de Mexico.
— 596. Grotte de Lourdes (*Pèlerinages et guérisons*).   (16 fois.)
— 597. Nª Sª de la Caridad del Cobre.   —
— 598. Santiago Apostol, patron de España (*à cheval*).   (16 fois.)
— 599. Ecce Homo et Mater (*bustes*).   —
— 600. Nª Sª de las Mercedes.   (16 fois.)
— 601. Santo Ramon Nonato (*en pied*).
— 602. Apparition de la Vierge de Knock (*pour l'Irlande*).
— *603. Saintes (*motifs se rattachant à leur enfance*).
— *604. Saints (*motifs se rattachant à leur enfance*).
— *605. L'âme au pied du Divin Tabernacle.
— 605 bis. L'âme au pied du Divin Tabernacle (*suite*).
— 606 Le Rosaire du mois de Marie.
— *607 Petit trésor des indulgences.
— 608 Christ en croix avec prière (*O bon et très doux Jésus*.)   (16 fois.)
— 609. Notre-Dame du Rosaire avec Saint Dominique.
— 610. Les Bienfaits de Marie.
— 611. Souvenirs de Notre-Dame de Lourdes.
— 612. Saint Joseph, patron de la bonne mort.   (16 fois.)
— 613. La Sainte Face de Notre-Seigneur.
— 614. Sujets pour souvenirs de première Communion
— 615. Notre-Dame du Bon Conseil.   (16 fois.)
— 616. Saint-François d'Assise bénissant le Bienheureux Léon.   (16 fois.)
— 617. Nª Sª del Rosario (*Spécial pour les îles Philippines*).   (16 fois.)
— 618. (*Souvenir de 1ʳᵉ Communion. Garçons et filles*).
— 619. Le véritable dévouement (*Motifs sur la vie de Saint Vincent-de-Paul*).
— 620. Emblèmes religieux.
— 621. Sainte Marguerite de Cortone.   (16 fois.)
— 622. Notre-Dame-de-la-Piété.
— 623. Saint François d'Assise (*Vision des plaies*).
— 624. Saint Bruno.
— 625. Souvenirs de 1ʳᵉ Messe.
— 626. Motifs sur Jésus-hostie.
— 627. Motifs sur S. José de Calasanz (*Fondateur des écoles Pies*).
— 628. Immaculée Conception (*Franciscaine*).
— 629. Anges gardiens.
— 630. Motifs sur la vie de Saint Dominique.

DIVERSES FABRICATIONS ET PRIX DE LA SÉRIE 500-600 EN FEUILLES

Sujet noir. . . . . Le cent de feuilles   30 fr.
— couleur. . . . .   150 »
— noir avec bordure deuil simple bordure noire ou bleue pour enfants . . . .   —   40 »
— — — deuil argent . . . . —   60 »
Pour découpe des feuilles par 100 images, net. . . . .   0 » 15
Pour mettre un filet deuil au verso par 100 images, net. . . . .   0 » 60

* Les planches 569-570-603-604 se vendent également en dentelle avec surprise, formée d'un cœur en gravure ;
* Les planches 605-605 *bis*, avec surprise, formée par une porte de tabernacle ;
* La planche 607, avec surprise, formée par le livre des indulgences :

Bordure dentelle, sujet noir et surprise noir. . . . . La douzaine   1 fr. 25
— couleur et surprise couleur. . . . . —   2 — 25

DIVERSES FABRICATIONS ET PRIX DE LA SÉRIE 500-600 EN DENTELLES

Les 13 sujets qui composent la douzaine sont tous différents et chacun ne peut se vendre séparément.

Sujet noir avec filet or, par paquet de 16 images. . . . . Le paquet   » fr. 60
— couleur — — — . . . .   —   1 » 60
Bordure dentelle { Sujet noir avec filet or. . . . . La douzaine   1 » 80
 { — couleur avec filet or. . . . . —   1 » 80
 { — noir avec filet or et surprise fleurs de 16 images. . . . .   —   2 » »

6 DÉCOUPURES — SÉRIE 100

Planches Gravées au Burin sur Acier, avec Texte au verso de chaque Image

EN FRANÇAIS, ALLEMAND, ESPAGNOL, ITALIEN

21 sujets, tous différents, sur la feuille 1/2 raisin. — L'image format in-32

N° 102. Saintes.	(Sujets ovales.)	N° 111. Les leçons de l'Enfant Jésus.	(Carré ou ovale.)	
— 103. Saints.	—	— 112. Le Cœur (seul) de Jésus.	—	
— 105. Saintes.	—	— 113. — — de Marie.	} 21 fois.	
— 106. Christs et Vierges.	(Sujets carrés.)	— 114. Le Sacré Cœur de Jésus.	—	
— 108. Christs et Vierges.	—	— 115. Sujets de la vie de Jésus.		
— 109. Saints.	(Sujets ovales.)	— 116. — emblématiques.		
— 110. Cœurs de Jésus et de Marie et St. Joseph.	(Sujets carrés.)	— 117. — —		

DIVERSES FABRICATIONS ET PRIX DE LA SÉRIE 100 EN FEUILLES

Sujet noir	Le cent de feuilles	30 francs
— couleur	—	150 —
— avec bordure deuil simple, bordure noire ou bleue pour enfants	—	40 —
— — deuil argent	—	60 —
Pour découpe des feuilles par 100 images, net	0 fr. 15	
Pour mettre un filet deuil au verso par 100 images, net	0 fr. 60	

DIVERSES FABRICATIONS ET PRIX DE LA SÉRIE 100 EN DENTELLES

Les 13 sujets qui composent la douzaine sont tous différents et chacun ne peut se vendre séparément.

Bordure dentelle. Sujet noir	La douzaine	» fr. 50
— — couleur	—	1 — 30
— — noir dentelle or (les sujets ovales seulement)	—	» — 60
— — noir avec surprise fleur	—	1 — 25
— — noir dentelle or avec surprise fleur (sujets ovales)	—	1 — 50

---

7 DÉCOUPURES — SÉRIE 200

Planches Gravées au Burin sur Acier, avec Texte au verso de chaque Image

EN FRANÇAIS, ALLEMAND, ESPAGNOL, ITALIEN, ANGLAIS

32 et 36 Sujets, tous différents, sur la feuille 1/2 raisin. — Format de l'image, in-36

N° 201. Sujets de Christs, Vierges, Saints et Saintes.	(Ovale.)	N° 210. Saintes.	(Carré.)
— 202. Sujets de Christs, Vierges, Saints et Saintes.	—	— 211. —	—
— 203. Christs et Vierges.	—	— 212. Saints. Cœurs de Jésus et de Marie.	—
— 204. Sujets de Christs, Vierges, Saints et Saintes.	(Carré.)	— 213. —	—
— 205. Petites méditations.	—	— 214. Saintes.	(Ovale.)
— 206. Pieuses pensées.	—	— 215. —	—
— 207. Christs, Vierges, Saints (32 à la feuille).	(Ovale.)	— 216. Saints. Cœurs de Jésus et de Marie.	—
— 208. Sujets de Christs, Vierges, Saints et Saintes.	(Carré.)	— 217. —	—
— 209. Saints, Saintes, Christs et Vierges.	(Ovale.)	— 218. Petits Jésus en buste.	(Ovale ou carré.)

DIVERSES FABRICATIONS ET PRIX DE LA SÉRIE 200 EN FEUILLES

Sujet noir	Le cent de feuilles	30 francs
— couleur	—	150 —
Pour découpe des feuilles par 100 images, net	0 fr. 15	

DIVERSES FABRICATIONS ET PRIX DE LA SÉRIE 200 EN DENTELLES

Bordure dentelle. Sujet noir	La douzaine	» fr. 25
— — couleur	—	» — 80
— — noir avec surprise fleur	—	» — 65
— — couleur	—	1 — 20

IMAGERIE RELIGIEUSE — PAGE 13

8 (1)

DÉCOUPURES — SÉRIE 700

Planches Gravées finement au Burin sur Acier, avec Devises au recto.

FRANÇAIS, ALLEMAND, HOLLANDAIS

25 sujets sur la feuille 1/2 jésus. — Format de l'image in-18

- N° 701. O bon et très doux Jésus. (Christ en croix.)
- — 702. Le Souvenez-vous. (Vierge Immaculée.)
- — 703. Jésus, Marie, Joseph, nos protecteurs.
- — 704. Jésus, notre modèle.
- — 705. Les Instruments de la Passion.
- — 706. Dévotion au Sacré Cœur de Jésus.
- — 707. Les Consolations du Chrétien.
- — 708. Ecce Homo, Mater Dolorosa.
- — 709. Le Don de Dieu.
- — 710. Le Divin Pasteur des âmes.
- N° 711. Sacré Cœur de Jésus, le Saint Cœur de Marie (bustes).
- — 712. Le Mémorial du Grand Jour, emblèmes sur la Communion.
- — 713. Divers sujets sur Jésus.
- — 714. Saint Antoine de Padoue, Saint Louis de Gonzague, Saint Joseph, Sainte Anne, Notre-Dame du Sacré-Cœur.
- — 715. L'âme au pied du Tabernacle.
- — 716. Sujets de Saintes avec motifs de leur vie d'enfance.
- — 717. Sujets de Saints.
- — 718. Christs en croix (2 modèles.) Prière : O bon, et très doux Jésus.

DIVERSES FABRICATIONS ET PRIX DE LA SÉRIE 700 EN FEUILLES

Sujet noir	Le cent de feuilles.	40 fr. »
— bordure deuil ordinaire	—	45 »
— argent	—	65 »
Pour découpe des feuilles, par 100 images, net		» 15
Pour mettre un filet deuil au verso, par 100 images net		» 60
Pour composition de texte spécial au verso, net		» »
Pour tirage de texte, le cent, net		3 »
Les planches 701 et 702 se vendent avec dentelle et filet or	La douzaine.	» 80
— — en couleur	—	1 80

9 (1)

DÉCOUPURES — SÉRIE 800

Planches Gravées finement au Burin sur Acier, avec Devises au recto et sans Texte au verso.

Cette série de planches est établie spécialement pour les libraires,
la marge de chaque sujet étant réservée pour la reliure de l'image dans des livres de différents formats

CETTE SÉRIE NE SE VEND PAS EN DENTELLE

PLANCHES A 16 SUJETS SUR FEUILLE 1/2 JÉSUS, FORMAT DE L'IMAGE IN-18

Sujets noir, sans prière au verso, format de l'image in-18. . . . . . Le cent de feuilles. 40 francs.

- N° 801. La Croix perpétuelle.
- — 802. Le Glaive perpétuel.
- — 803. L'Imitation de Jésus-Christ.
- — 804. L'Imitation de la Sainte Vierge.
- N° 805. La Passion révélée.
- — 806. Notre-Dame du Perpétuel Secours.
- — 807. Sainte Germaine Cousin.
- — 808. Obraz N.-P. Maryi Częstochowskiej.

10 (1)

DÉCOUPURES — SÉRIE 400

Planches Gravées au Burin sur Acier, avec Texte au recto et au Verso de chaque Image

FRANÇAIS, ANGLAIS, ALLEMAND, ESPAGNOL, ITALIEN

16 Sujets variés sur la feuille 1/2 raisin. — Format de l'image in-18

- N° 401. Anges gardiens.
- — 402. Motifs sur la Vierge.
- — 403. — le Christ.
- — 404. — Saint Louis de Gonzague.
- N° 405. Saints.
- — 406.
- — 407. Saintes.
- — 408.

Cette Collection se continue.

DIVERSES FABRICATIONS ET PRIX DE LA SÉRIE 400

En feuilles, sujet noir	Le cent de feuilles.	30 francs.
— couleur		150 —
— deuil ordinaire	—	40 —
— argent	—	60 —
Bordure dentelle, sujet noir, filet or	La douzaine.	0 fr. 80
— — couleur	—	1 — 80

11 IMAGERIE IMPRESSION OR SUR GÉLATINE
AVEC PHOTOGRAPHIES
Gélatine blanche et de différentes couleurs

Un choix de 12 planches de chacune 4 à 8 Sujets

Motifs de communion, Christs, Vierges, Sacrés-Cœurs, etc. (Texte en différentes langues)... La douzaine, sujets assortis... 2 fr.

12 SIGNETS GÉLATINE FORME OBLONGUE
Gélatine blanche et de différentes couleurs

Motifs de communion, Christs, Vierges et Sacré-Cœurs. (Texte en différentes langues).. La douzaine, sujets assortis.... 1 fr. 25.

13 SCAPULAIRES

SUJETS GRAVÉS SUR ACIER, IMPRIMÉS SUR CALICOT

N° 81. Vierges et Cœurs. (Pour composer 9 scapulaires.)	N° 86. Christs et Vierges. (Pour composer 20 scapulaires.)	
— 82. N° S° del Carmen. — —	— 87. Vierges diverses. — 12 —	
— 83. Vierges et Cœurs. — —	— 88. N.-D. de Bon-Secours avec revers. — 8 —	
— 84. Médailles miraculeuses avec revers. — 8 —	— 89. Médaille avec revers. — 10 —	
— 85. Vierges diverses. — 10 —	— 90. Christs, Vierges et emblèmes. — 16 —	

Le cent de feuilles. . . . . 30 francs

N° 1001. Christs et Vierges. (Pour composer 25 scapulaires.) — N° 1012. N.-D. du Mont-Carmel avec les âmes du purgatoire (60 fois.),
— 1002. Le Mont-Carmel. — 30 — pour composer 30 scapulaires.
— 1003. Médaille miraculeuse. — 30 — — 1013. Saint Antoine de Padoue (Buste) (40 fois), pour composer
— 1004. La Passion. — 30 — 20 scapulaires.
— 1005. Le Sacré-Cœur. — 30 — — 1014. Saint François d'Assise (Buste) (40 fois), pour composer
— 1007. San José de Calasanz. — 20 — 20 scapulaires.
— 1008. La Sainte Trinité. — 20 — — 1015. N.-D. du Mont-Carmel (Buste) (40 fois), pour composer
— 1009. Notre-Dame des Sept Douleurs. — 30 — 20 scapulaires.
— 1010. N° S° de las Mercedes. — 30 — — 1016. N.-D. du Mont-Carmel avec revers le Saint nom de Marie
— 1011. Saint Simon Stock. — 30 — (20 fois), pour composer 20 scapulaires.

Le cent de feuilles . . . . 35 francs
Les mêmes scapulaires montés se vendent. . . . . La grosse 15 —

Les feuilles se vendent imprimées en noir, rouge, bleu, suivant le scapulaire.

N° 582. Notre-Dame du Mont-Carmel, avec les âmes du purgatoire, 16 à la feuille, grand format.
— 583. L'Immaculée-Conception (impression bleue). — —
— 623. Saint François d'Assise (vision des plaies). — —

Le cent de feuilles . . . . 35 francs
Montés sur drap et cordons . . . . La grosse 40 —

13 bis ARRÊTE ! LE CŒUR DE JÉSUS EST LA ! (100 jours d'indulgence, Pie IX).
N° 1006. — Scapulaire du Sacré Cœur, forme ovale et dentée, impression chromo sur papier toile indéchirable.

Le paquet de 100 Cœurs de Jésus (dentés). . . . . 1 fr. 50

On donne 13/12 paquets de 100.

SE FAIT EN TOUTES LANGUES

IMAGERIE RELIGIEUSE — PAGE 15

14

PHOTOGRAPHIES

- N° 1. Sacré-Cœur de Jésus.
- — 2. Saint-Cœur de Marie.
- — 3. Saint-Joseph.
- — 4. Saint Joseph du Sacré-Cœur.
- — 5. Notre-Dame du Sacré-Cœur.
- — 6. Christ en Croix.
- — 7. Notre-Dame de Lourdes (Apparition).
- — 8. Apparition à la B^{se} Marguerite-Marie.
- — 9. Notre Saint-Père le Pape Pie IX.
- — 10. Notre Saint-Père le Pape Léon XIII.
- — 11. Notre-Dame de Lourdes (la grille).
- — 12. Notre-Dame de Lourdes (seule couronnée).
- — 13. Petit Jésus pour Noël.
- — 14. Petit Jésus dans la Crèche.
- — 15. Notre-Dame du Perpétuel Secours.
- — 16. Saint Louis de Gonzague (Buste).
- — 17. Saint Antoine de Padoue —
- N° 18. Le dernier sommeil, sujet pour deuil.
- — 19. Noël.
- — 20. Noël.
- — 21. Le Petit saint Jean.
- — 22. Sujet de communion pour Filles.
- — 23. — pour Garçons.
- — 24. Mois de Marie.
- — 25. —
- — 26. Saint Stanislas Kostka (Buste).
- — 27. Saint François d'Assise —
- — 28. Sainte Cécile
- — 29. Sainte Élisabeth.
- — 30. Sainte Thérèse.
- — 31. Sainte Anne.
- — 32. L'Ange gardien.
- — 33. Immaculée Conception.
- — 34. N.-D. du Mont-Carmel avec les âmes du purgatoire.
- N° 35. N^a S^a de la Guadalupe de Méjico.
- — 36. Saint François d'Assise (vision) (Pied).
- — 37. Saint François de Sales — (Buste).
- — 38. Saint Dominique — (Buste).
- — 39. Notre-Dame du Rosaire, avec Saint-Dominique (Buste).
- — 40. Notre-Dame de la Merci (Pied).
- — 41. Bénédiction de Saint François d'Assise.
- — 42. Motifs de première communion.
- — 43. Sainte Philomène (Buste).
- — 44. Enfant Jésus.
- — 45. Notre-Dame du Mont-Carmel et Saint Simon Stock (Pied).
- — 46. Notre-Dame du Rosaire (Pied).
- — 47. Saints et Saintes de l'ordre du Carmel.
- — 48. Sainte Thérèse en prière.

Ces photographies sont la reproduction de nos sujets les plus estimés et se vendent dans les quatre grandeurs :

Format timbre-poste	Le cent	3 fr.	50
— moyen	—	6	»
— carte de visite	La douzaine.	4	80
— carte-album (marges blanches)	—	12	»
— cabinet biseauté or (sans marges)	—	12	»

Les N°s 13, 14, 18, 19, 20, 21, 22, 23, 24, 25, 42, 44, 47 ne se font qu'en petit format

---

16

DENTELLES BLANCHES

Toutes les bordures dentelle de nos collections (*vignettes et différentes séries*) se vendent sur papier blanc, pour pouvoir à volonté contre-coller diverses images, photographies, ou petits sujets variés : soit religieux, soit fantaisie.

Petites dentelles blanches	La douzaine	» fr. 20
Moyennes dentelles blanches	—	» 30
Grandes dentelles blanches	—	» 40

17

SURPRISES EN DENTELLES

Surprises religieuses ordinaires, noir et couleur	la douzaine de	» fr. 75 à 3 fr. 50
Surprises religieuses fines, noir et couleur, de	—	6 — » à 15 — »
Reliquaires et autres surprises, imprimées en chromo de	—	2 — 50 à 6 — »
Images pailletées, noir et couleur, dentelle blanche ou iris, de	—	2 — » à 6 — »
Images peintes sur papier de riz	—	12 — » à 14 — »
Images en relief, dites saints habillés	—	4 — » à 6 — »
Communiants et Communiantes en relief, dits saints habillés	—	4 — » à 6 — »

SUJETS SPÉCIAUX POUR LES FÊTES, MOIS DE MARIE, PAQUES, NOEL, ETC.

On peut faire la douzaine en prenant différents sujets du même prix

18 — PETITS NOËLS (ENTOURAGE PAILLE)

Petits Jésus habillés, avec Pailletage : Entourage et Toit en Paille formant Crèche.

FORMAT LIVRE DE MESSE

N°	Description			Prix
1.	Petits Jésus habillés sur fond mousse avec entourage paille...... Petits............		La douzaine,	4 fr. »
2.	— — — .... Moyens............		—	5 50
3.	— — — .... Grands............		—	6 50
4.	Enfants Jésus habillés sur fond chromo avec entourage paille...........		—	6 »
5.	— — sur crèche paille avec toits paille......... en travers.........		—	7 »
6.	— — — en hauteur........		—	7 »
7.	Enfants Jésus habillés fond rideau en pâte de riz, sujet........... en travers.........		—	8 »
8.	— — — en hauteur........		—	8 »
9.	— — dentelle à jour...............		—	6 »
10.	— — —		—	6 »
11.	— — —		—	5 50

IMAGERIE A DENTELLE, AVEC APPLICATION DE SATIN EN RELIEF

N° 1. Enfants Jésus (Sujets pour Noëls).	En boîte de	N° 1013. Saint Joseph, fond à jour.	Figures coloriées. . 4 fr la douzaine.
— 98. Enfants Jésus.	1 douzaine. 3 fr.	— 1027. L'Immaculée, fond à jour.	Figures non coloriées 3. »
— 1001. Sujets variés, Vierges, Sainte Famille, etc.	Figures en chromo		(En boîtes de 1 douzaine)

19 — SOUVENIRS DE PREMIÈRE COMMUNION

IMAGES AVEC DENTELLE A JOUR APPROPRIÉE AU SUJET, REPRÉSENTANT COMMUNIANTS GARÇON-FILLE

Format in-18. Sujet noir.......................... La douzaine	1 fr. »	Avec pailletage.	3 fr. 50
— — couleur........................... —	2 25	—	5 50
— in-32. — noir............................ —	80	—	3 »
— — couleur........................... —	1 80	—	4 50
— in-18. — noir (ordinaire)...................... —	60		
— — couleur ordinaire........................	1 50		

LES MÊMES QUE CI-DESSUS, EN RELIEF ET HABILLÉS, GARÇON OU FILLE

N° 1. Sur petite dentelle ajustée... La douzaine	6 fr. »
— 2. — fond couleur .... —	6 »
— 3. Sur grande dentelle ajustée................................... —	6 50
— 4. Sur fond chromo, bordure dentelle.................................. —	6 50
— 5. Sur carte avec marge blanche, fond chromo......................... —	7 »
— 6. Sur grande carte marge blanche, fond chromo...................... —	25 »
— 7. Sujets en chromo dentelle, fond à jour............................. —	10 »
— 8. Garçon — .... —	10 »
— 9. Fille — .... —	10 »

Nous avons une autre collection de Communiants et Communiantes habillés de tous genres très variés avec divers ornements, forme chapelle et fonds de couleurs dans les prix de 2 fr. à 15 fr. la douzaine.

Indiquer pour les habillés si l'on préfère, pour les garçons, le pantalon noir, ou blanc.

Bien des sujets dans la collection des vignettes peuvent être choisis pour souvenirs de première Communion : pour une commande de 50 exemplaires au moins d'un sujet avec texte particulier au verso, voir les prix d'impression à la **collection des vignettes**.

CACHETS DE PREMIÈRE COMMUNION
GRAVURE

			PRIX en	
			NOIR	COULEUR
N° 101. Communion et Confirmation pour filles et garçons (**ne se fait qu'en anglais**) 1/2 raisin . . . 1 à la feuille.	» 20	» 50
— 102. Communion et Confirmation pour garçons . . . . —	» 20	» 50
— 103. Communion et Confirmation pour filles . . . . —	» 20	» 50
Ces deux derniers imprimés avec teinte chine . . . . — —	» 30	» 60
— 104. Communion et Confirmation pour filles et garçons . . . . —	» 20	» »
Le même imprimé avec teinte chine . . . . —	» 30	» »
— 105. Communion et Confirmation pour filles et garçons . . . . 2 à la feuille.	» 20	» »
— 106. Communion et Confirmation pour filles et garçons . . . . 4 —	» 20	» »
— 107. Communion et Confirmation pour filles et garçons . . . . . . 1/4 colombier. 1 —	» 15	» »
— 108. Communion et Confirmation pour filles et garçons . . . . . . 1/2 raisin . . . 2 —	» 20	» »
— 109. Communion et Confirmation pour garçons (en lithographie) . . . 1/4 colombier. 1 —	» 15	» 40
— 110. Communion et Confirmation pour filles . . . . — —	» 15	» 40
— 111. Communion et Confirmation pour garçons . . . . 1/2 raisin . . . 4 —	» 20	» 50
— 112. Communion et Confirmation pour filles . . . . — 4 —	» 20	» 50
— 113. Communion et Confirmation pour filles et garçons (en lithographie) . . . 1/4 colombier. 1 —	» 15	» 40
— 114. Confirmation (**ne se fait qu'en anglais**) . . . . — 1 —	» 15	» »
— 115. Communion et Confirmation pour filles et garçons . . . . . 1/2 raisin . . . 1 —	» 20	» 50
— 116. Communion et Confirmation pour garçons (gravure) . . . . — —	» 20	» »
— 117. Communion et Confirmation pour filles (gravure) . . . . — 1 —	» 20	» »
— 1. Consécration a la Sainte Vierge (pour garçons) . . . . . — 1 —	» 20	» 50
— 2. — — (pour filles) . . . — 1 —	» 20	» 50
Les mêmes imprimés avec teinte . . . . — —	» 30	» 60

Les textes de ces Cachets se font en différentes langues

CACHETS DE PREMIÈRE COMMUNION
CHROMO

N° 401. Souvenir de première Communion et Confirmation (Emblème, Hostie, Calice . . . 34 centimètres sur 23. L'image . . . . » fr. 60
— id.   —   . . .   —   —   L'image nacrée. 3 »
— 402.   —   . . .   —   —   30 —   22. —   . . . » 30
— 403.   —   . . .   —   Cachet emblématique . . . . 30 —   22. —   . . . » 30
— 404.   —   . . .   —   Scène de la Communion . . —   —   . . . » 30
— 405.   —   . . .   —   Sujet emblématique . . . .   —   —   . . . » 30
— 406.   —   . . .   —   Garçon seul . . . .   —   —   . . . » 30
— 407.   —   . . .   —   Fille seule . . . .   —   —   . . . » 30
A part le 401, les autres cachets nacrés. —   —   2 50
Le 403, gaufré or . . . . » 60
Le 403, gaufré or et gélatine . . . » 80
— 408. Dons du Cœur de Jésus. Sujet emblématique . . . . 30 centimètres sur 22. » 30
— 409. Souvenir de première communion et confirmation, garçon seul à genoux . . . . —   » 30
— 410.   —   —   fille seule   —   » 30
— 411. Cachet souvenir de première communion emblématique, style moyen âge, dessin riche. —   » 15
— 412.	» 15

Pour une commande de 2000 cachets d'un seul numéro ou assortis nous faisons une réduction de 50 0/0 sur le prix fort

Nota. — Les cachets se vendant par grande quantité, nous prions nos clients de bien vouloir nous adresser leur commande 2 mois avant l'époque afin de pouvoir livrer à date fixe.

LES TEXTES DE CES CACHETS S'IMPRIMENT DANS TOUTES LES LANGUES

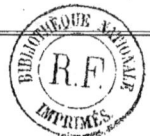

IMAGERIE CHROMO

CES DIFFÉRENTES SÉRIES SE COMPOSENT

De Sujets représentant Christs, Vierges, Saints, Saintes, petits Jésus, Sujets religieux
AVEC FIGURES OU EMBLÈMES

Chaque image a un texte au recto (français, anglais, allemand, espagnol, italien) et prière texte français au verso

SÉRIE 1, CHROMO

- N° 1. Enfants Jésus (Noël).
- — 2. Emblèmes religieux.
- — 3. Sujet sur la Vierge et l'Enfant Jésus.
- — 4. Saints (Fond fantaisie).
- — 5. Petits Jésus (Enfants).
- — 6. Emblèmes religieux.
- — 7. Petits Noëls.
- — 8. Notre-Dame de Lourdes (Apparition et grotte).
- — 9. San José de Calasanz(Motifs sur sa vie).
- — 10. Sujets de Communion (avec ornements).
- — 11. Emblèmes Croix.
- — 12. Le Bon Ange.
- — 13. Enfants de Marie.
- — 14. Petits Jésus (fond fantaisie).
- — 15. Motifs sur Saint Joseph.
- — 16. N.-D. du Perpétuel Secours (fond or).
- — 17. Anges gardiens.
- — 18. Sujets de Communion (Vertus théologales).
- — 19. Emblèmes de Communion (Tabernacles)
- — 20. Motifs sur Saint Louis de Gonzague.
- — 21. — Saint Vincent de Paul.
- — 22. Sacré Cœur de Jésus. } 42 fois.
- — 22. bis. Saint Cœur de Marie. }
- — 23. Petits communiants (garçons).
- — 23. bis Petites communiantes (filles).
- — 24. Agonie de Jésus Christ.
- — 25. Le Sauveur du Monde et le petit saint Jean.
- — 26. Petits Noëls (30 à la feuille).
- — 27. Je suis l'Immaculée Conception. (Apparition).
- — 28. N.-D. de Lourdes (Apparition).
- — 29. Motifs de Vierges.
- — 30. Arrête! le Cœur de Jésus est là.

- N° 31. Emblèmes religieux.
- — 32. Petits Jésus.
- — 33. Emblèmes de communion.
- — 34. Dévotion au Sacré-Cœur..
- — 35. Croix et calices (30 à la feuille).
- — 36. N.-D. du Bon-Conseil.
- — 37. Saint Dominique (Motifs sur sa vie).
- — 38. Sujets de communion.
- — 39. Emblèmes religieux.
- — 40. Petits jésus.
- — 41. Saint Antoine de Padoue (Motifs sur sa vie).
- — 42. Sujets de S. C. et Vierges.
- — 43. Petits Jésus et enfants.
- — 44. La Vierge avec enfants.
- — 45. Anges gardiens avec enfants.
- — 46. Sacrés Cœurs et Vierges.
- — 47. Petits Jésus (fond or et argent).
- — 48. Calices et hosties (Sujets pour communion).
- — 49. Saintes.
- — 50. Petits Jésus.
- — 51. Vierges avec enfants (Sujets de Noël).
- — 52. Saints.
- — 53. Motifs sur le Sacré Cœur de Jésus.
- — 54. Emblèmes religieux.
- — 55. Sujets sur le Sacré Cœur de Jésus.
- — 56. Enfants Jésus et Noëls.
- — 57. Sujets pour Noël (Enfants Jésus).
- — 58. Sujets sur Saint Joseph.
- — 59. Signe de croix. (Motifs de la Vierge).
- — 60. Saints et Saintes.
- — 61. Petit chemin de croix (Pour faire 3 collections).
- — 62. Motifs sur l'Enfant Jésus.
- — 63. Croix (sujets pour communion).
- — 64. Enfants Jésus.
- — 65. Petits Jésus et enfants.

- N° 66. Motifs sur l'Enfant Jésus.
- — 67. Saints et sujets (fond fantaisie).
- — 68. Sainte-Trinité, Jésus, Marie.
- — 69. Petits communiants.
- — 70. Petites communiantes.
- — 71. Calices (sujets pour communion).
- — 72. Motifs de première communion.
- — 73. Saints et Saintes de l'ordre des Franciscains.
- — 74. Emblèmes religieux.
- — 75. Emblèmes sur le sacré Cœur de Jésus.
- — 76. Sujets de communion avec ornements.
- — 77. Enfance des Saints et des Saintes.
- — 78. Sujets tirés de l'Evangile.
- — 79. Motifs de communion.
- — 80. Croix et emblèmes.
- — 81. Les bienfaits de Marie (Vierge et Enfant.)
- — 82. Motifs de Pâques.
- — 83. Emblèmes religieux et médaille or.
- — 84. Emblèmes fleurs.
- — 85. Saints et Saintes de l'ordre du Carmel.
- — 86. Légendes de l'Enfant Jésus.
- — 87. Sujets de communion.
- — 88. Saints (fond fantaisie).
- — 89. Motifs de Vierge.
- — 90. Petits Noëls Enfants Jésus.
- — 91. Jésus, Marie, Joseph (Ste famille.)
- — 92. Petits Jésus (fond ornement).
- — 93. Petits Jésus
- — 94. Emblèmes et Sujets de communion.
- — 95. Motifs de communion.
- — 96. Sujets de communion.
- — 97. Sujets de Noël.
- — 98. Enfants Jésus.
- — 99. Sujets de communion.

Prix de la feuille de 42 sujets . . . . 1 fr. 50
Les feuilles de 30 sujets, se vendent en paquet de 100 . . . . Le cent. . . 4 — 50
Les mêmes, découpées, festonnées. . . . . net. 5 — »
             avec un filet deuil au recto seulement. . . . . — 3 — 75
             et au verso même prix. . . . . » — »

Sujets sur dentelle . . . . La douzaine 1 fr. »
    — paillettés sur dentelle. . . . . — 2 — 50
    — nacrés sur dentelle. . . . . — 6 — »
    — nacrés sans dentelle. . . . . — 5 — 50
    — dentelés, directement, tirés au 42 à la feuille . . . . — 0 — 60
                                —   30   — 1 — »

IMAGERIE RELIGIEUSE

23 (2)

SÉRIE 100, CHROMO

- Nº 101. Emblèmes religieux.
- — 102. — Croix.
- — 103. — religieux.
- — 104. Enfants jésus (Noël).
- — 105. Petits Noëls.
- — 106. Emblèmes religieux.
- — 107. — —
- — 108. Petits Jésus.
- Nº 109. Christs et Vierges.
- — 110. Saintes.
- — 111. Petits Jésus.
- — 112. — Noëls.
- — 113. Emblèmes religieux.
- — 116. Anges gardiens.
- — 117. Emblèmes religieux.
- — 118. Emblèmes religieux.
- Nº 120. Petits Jésus et enfants.
- — 123. Saints.
- — 124. Emblèmes de communion.
- — 127. Saintes.
- — 129. N.-D. de Lourdes (Apparition).
- — 130. Sacré-Cœur de Jésus (buste).
- — 131. Saint-Cœur de Marie.

Prix de la feuille de 72 sujets . . . . 1 fr. 50
Sujets sur dentelle . . . . La douzaine » 60
— pailletés sur dentelle . . . . — 2 »
— nacrés sur dentelle . . . . — 5 50
— nacrés sans dentelle . . . . — 5 »

24 (2)

SÉRIE 200, CHROMO

- Nº 201. Emblèmes religieux.
- — 202. — —
- — 203. Emblèmes religieux.

Prix de la feuille de 84 sujets . . . . 1 fr. 50
Sujets sur dentelle . . . . La douzaine » 50
— pailletés . . . . — 2 »

25 (2)

SÉRIE 211 ET SUITE, CHROMO

- Nº 211. Sujets religieux, emblèmes.
- — 212. — — croix.
- Nº 213. Sujets religieux : croix.
- — 214. Emblèmes religieux.
- — 215. — —
- Nº 216. S.-C. de Jésus (buste).
- — 217. S.-C. de Marie . . . . 143 à la feuille.

Prix de la feuille de 180, 168 et 143 sujets . . . . 1 fr. 50
Sujets sur dentelle . . . . La douzaine 0 fr. 40

26 (2)

SÉRIE 3000
DITE AJUSTÉES CHROMO

CES IMAGES SE VENDENT EN FEUILLES 1/2 RAISIN A 16 SUJETS A LA FEUILLE
ET DÉCOUPÉES SUR UNE DENTELLE AJUSTÉE A CHAQUE SUJET

- Nº 3001. N.-D. de Lourdes (apparition).
- — 3002. Les Conseils d'une mère.
- — 3003. Le Sacré-Cœur de Jésus.
- — 3004. Le Saint-Cœur de Marie.
- — 3005. Christs et Vierges.
- — 3006. Saintes.
- — 3007. Saintes.
- — 3008. Saints.
- — 3009. Saints.
- Nº 3010. Sujets pour Noël (Vierges et Enfants Jésus).
- — 3011. Enfants Jésus.
- — 3012. Enfants Jésus.
- — 3013. Enfants Jésus (sujets pour Noël).
- — 3014. Motifs sur le Sacré-Cœur de Jésus.
- — 3015. Motifs sur Saint Joseph, notre protecteur.
- — 3016. Motifs sur Saint Joseph, notre protecteur.
- — 3017. Emblèmes de communion, tabernacles.

Prix de la feuille de 16 sujets . . . . 0 fr. 75
Dentelle ajustée . . . . La douzaine 1 fr. 50
— Sujet pailleté . . . . — 5 »
Dentelle carrée. Fond ornement . . . . — 1 »
— Sujet pailleté . . . . — 4 »

SOUVENIRS MORTUAIRES
En imagerie gravure sur acier

Collection 1. VIGNETTES ET MEMENTO, série riche sujets spéciaux pour deuil gravure fine, impression soignée sur papier fort, filets deuil à la main recto et verso . . . . le paquet de 100. **10 fr.** »

Collection 4. Série 1000, en feuille de 16 sujets deuil simple verso blanc	la feuille	0 — 40	
— — deuil argent —	—	0 — 60	
— coupées en paquet de 100, deuil simple filet deuil au verso	le paquet net	2 — 75	
— — — deuil argent —	—	4 — »	
Collection 5. Série 500, en feuille de 16 sujets deuil simple verso blanc	la feuille	0 — 40	
— — deuil argent	—	0 — 60	
— coupées en paquet de 100, deuil simple filet deuil au verso	le paquet net	2 — 75	
— — — deuil argent —	—	4 — »	
Collection 8. Série 700, en feuille de 25 sujets deuil simple verso blanc	la feuille	0 — 45	
— — deuil argent	—	0 — 65	
— coupés en paquet de 100, deuil simple filet simple, filet deuil au verso	le paquet net	2 — 50	
— — — deuil argent —	—	3 — 75	

Pour choisir les sujets se reporter aux collections indiquées

IMPRESSION d'un texte spécial ou prière au verso
- En typographie composition du texte . . . . 5 fr. net.
- — tirage pour chaque 100 d'image . . . . . . 3 — net.
- En lithographie | Composition de texte . . . . 10 — net.
- impression soignée / Tirage pour chaque 100 d'images . . 3 — net.

SOUVENIRS MORTUAIRES
En imagerie chromo

27
(2)

Dans cette suite de feuilles le verso est réservé en blanc, afin que l'on puisse y imprimer le texte.

CES PLANCHES SE FONT EN TOUTES LANGUES

Nº 801. Croix, fleurs . . . . 30 à la feuille.	Nº 817. Croix argent sur fond deuil . . . . 30 à la feuille.
— 802. Sujets sur le Sacré-Cœur . . . . —	— 818. Ecce Homo, Mater. Agonie de Jésus. Sainte Madeleine . . . . —
— 803. Christs, Vierges . . . . —	— 819. Emblèmes de la Passion . . . . —
— 804. Anges . . . . —	— 820. Anges priant sur tombeaux . . . . —
— 805. Anges . . . . —	— 821. Ecce Homo. Mater. S.-C. de Marie. Ste-Face. 36 à la feuille.
— 806. Emblèmes religieux . . . . —	— 822. Emblèmes, croix et tombeaux . . . . —
— 807. Sujets, Christs et Vierges . . . . —	— 824. Croix . . . . —
— 808. Sainte Face. Ecce homo, Mater . . . . . —	— 825. Anges . . . . —
— 809. Christs en croix . . . . —	— 826. Agonie de Jésus . . . . 30 à la feuille.
— 810. Motifs sur le Sacré Cœur . . . . —	— 827.
— 811. Sacrés Cœurs de Jésus et de Marie, Anges. —	— 828.
— 812. Christ au tombeau . . . . —	— 829. Derniers moments d'une âme pieuse . . . . —
— 813. Emblèmes de la passion . . . . —	— 830. Emblèmes, Croix, Cœurs avec sentences . . —
— 814. Emblèmes tombeaux . . . . —	— 833. Sujets de la Passion avec sentences . . . . —
— 815. Emblèmes de la Passion . . . . —	— 834. Anges sur tombeaux . . . . —
— 816. Anges priant sur tombeaux . . . . —	

Chaque feuille . . . . 0 fr. 75
Le paquet de 100 sujets assortis, net . . . . Net 2 — »
— — — filet deuil au verso . . . . Net 2 — 50

On donne 13/12 paquets.

SUJETS SANS TEXTE

Nº 823. Petits Jésus avec enfants . . . . 30 à la feuille.	La feuille	1 fr. »
— 831. Anges, ciel étoilé . . . . —	Le paquet de 100, net	2 — 50
— 832. Anges, tombeaux . . . . —	Le paquet de 100, avec filet au verso, net . .	2 — 75

ESTAMPES RELIGIEUSES

POUR ENCADREMENT

Noir, coloris à l'aquarelle et chromolithographie

SÉRIE 2000, EN MÉDAILLON (OVALE)

OLÉOGRAPHIE

4 IMAGES (LA MÊME) SUR 1/4 COLOMBIER

La feuille............................. 0 fr. 50	Hauteur.... 21 cent.
Pour gélatiner la feuille, en plus, net.......... 0 — 20	Largeur.... 15 —
Pour gommer la feuille au verso, en plus, net......... 0 — 08	

- N° 2001. Sainte Famille (Pied).
- — 2002. Saint Joseph (Buste).
- — 2003. Christ en Croix.
- — 2004. Immaculée Conception.
- — 2005. Sauveur du Monde (Enfant Jésus, buste).
- — 2006. Le petit saint Jean (Buste).
- — 2007. Notre-Dame de Lourdes (Apparition).
- — 2008. Notre-Dame des Sept-Douleurs (Pied).
- — 2009. Sainte Anne (Buste).
- — 2010. Noël (Enfant Jésus sur paille).
- — 2011. Notre-Dame du Mont-Carmel (Buste).
- — 2012. Notre-Dame du Rosaire —
- — 2013. Sacré Cœur de Jésus —
- — 2014. Saint Cœur de Marie —
- — 2015. La Médaille miraculeuse. (Pied).
- N° 2016. Le Sauveur du Monde (Enfant Jésus, en pied).
- — 2017. Notre-Dame du Rosaire (Institution du Rosaire).
- — 2018. Notre-Dame du Mont-Carmel (avec les âmes du Purgatoire).
- — 2019. Santa Rita de Casia (Buste).
- — 2020. Sainte Thérèse de Jésus —
- — 2021. Mater Dolorosa —
- — 2022. Ecce Homo —
- — 2023. Sainte Rose de Lima —
- — 2024. Sainte Catherine de Sienne. —
- — 2025. Saint Michel, archange (Pied).
- — 2026. Christ en Croix (imitation ivoire sur fond velours grenat.
- — 2027. Saint Joseph du Sacré-Cœur (Buste).
- — 2028. Notre-Dame du Sacré-Cœur —
- — 2029. Saint François d'Assise (vision des plaies (Buste).
- — 2030. Saint Antoine de Padoue —

SÉRIE 1000, FORMAT 1/4 COLOMBIER

OLÉOGRAPHIE

La feuille vernie............................. 0 fr. 50	Hauteur.... 32 cent.
La feuille montée sur châssis et vernie.......... 2 — 75	Largeur.... 24 —

- N° 1001. Sacré Cœur de Jésus.
- — 1002. Saint Cœur de Marie.
- — 1003. Le petit Sauveur du Monde.
- — 1004. Le petit Saint Jean.
- — 1005. Notre-Dame de Lourdes (Seule).
- — 1006. Apparition à la bienheureuse Marguerite-Marie.
- — 1007. Saint Joseph.
- — 1008. Ange gardien.
- — 1009. La Vierge à la Chaise.
- — 1010. Christ en croix.
- — 1011. Immaculée Conception.
- — 1012. Notre-Dame de Lourdes (Apparition).
- — 1013. Notre-Dame du Rosaire.
- — 1014. Notre-Dame du Scapulaire.
- — 1015. Jésus crucifié.
- — 1016. Descente de Croix.
- — 1017. Jésus mis au tombeau.
- — 1018. Jésus de Nazareth.
- — 1019. Notre-Dame des Sept-Douleurs.
- — 1020. Jésus, Marie, Joseph.
- — 1021. Adoration des Mages.
- — 1022. Adoration des Bergers.
- — 1023. Ecce Homo.
- — 1024. Mater Dolorosa.
- — 1025. Sainte Thérèse.
- — 1026. Santa Rita de Casia.
- N° 1027. Sainte Catherine de Sienne.
- — 1028. Sainte Rose de Lima.
- — 1029. L'Ange gardien.
- — 1030. Christ en croix (Imitation ivoire sur fond velours).
- — 1031. Noël, Noël (Enfant Jésus).
- — 1032. Notre-Dame du Mont-Carmel avec les âmes du Purgatoire.
- — 1033. Notre-Dame des Sept-Douleurs (Vierge au pied de la Croix).
- — 1034. Sainte Anne (Buste).
- — 1035. N.-S. des Passos (Jésus tombe pour la première fois).
- — 1036. Saint Antoine de Padoue.
- — 1037. Saint François d'Assise.
- — 1038. La Médaille miraculeuse.
- — 1039. Saint Michel.
- — 1040. Jésus Rédempteur (Enfant Jésus).
- — 1041. Saint Joseph du Sacré-Cœur.
- — 1042. Notre-Dame du Sacré-Cœur.
- — 1043. Nª Sª de Guadalupe de Mejico.
- — 1044. Saint Louis de Gonzague.
- — 1045. Saint Stanislas Kostka.
- — 1046. Grotte de Notre-Dame de Lourdes.
- — 1047. L'archange Saint Raphaël.
- — 1048. Saint François d'Assise (Vision des Plaies).
- — 1049. Nª Sª del Pilar.
- — 1050. Sacré-Cœur de Jésus.
- — 1051. Saint Cœur de Marie.
- — 1052. Saint Ramon Nonato.

SÉRIE 500, FORMAT 1/2 COLOMBIER
OLÉOGRAPHIE

La feuille vernie . . . . 1 fr. 50 } Hauteur du sujet . . . . 50 cent.
La feuille montée sur châssis et vernie . . . . 5 — 50 } Largeur . . . . . . 36 —

- N° 502. Christ en Croix.
- — 503. Notre-Dame du Rosaire.
- — 504. Notre-Dame du Scapulaire.
- — 505. Notre-Dame de Lourdes (Apparition).
- — 506. Jésus de Nazareth.
- — 507. Notre-Dame des Sept-Douleurs.
- — 509. Adoration des Mages.
- — 510. Adoration des Bergers.
- — 511. Ecce Homo.
- — 512. Mater Dolorosa.
- — 514. Sainte Thérèse.
- — 515. Santa Rita de Casia.
- — 516. Sacré Cœur de Jésus.
- — 517. Saint Cœur de Marie.
- — 518. Sainte Catherine de Sienne.
- — 519. Sainte Rose de Lima.
- — 520. Sainte Anne.
- — 522. L'Ange gardien.
- — 523. Christ en croix (Imitation ivoire sur fond velours grenat).
- N° 524. Noël (Enfant Jésus).
- — 525. Notre-Dame des Sept-Douleurs (au pied de la Croix).
- — 528. Jésus crucifié (Vierge et sainte Madeleine au pied).
- — 529. La Descente de croix.
- — 530. Saint Joseph du Sacré-Cœur.
- — 531. Notre-Dame du Sacré-Cœur.
- — 532. Marie conçue sans péché (Médaille miraculeuse).
- — 533. Saint Michel, archange.
- — 534. Le Sauveur du Monde (Enfant Jésus en pied).
- — 535. N° S° de Guadelupe de Mejico.
- — 536. Saint Stanislas Kostka.
- — 541. N° S° del Pilar.
- — 542. Sainte Madeleine.
- — 543. Sainte Famille.
- — 544. Le Sacré Cœur de Jésus.
- — 545. Le Saint Cœur de Marie.
- — 546. Sainte Élisabeth reine.
- — 547. Jésus de Nazareth.
- — 548. Notre-Dame des Sept-Douleurs.

SÉRIE 500, FORMAT RÉDUIT 48/34
OLÉOGRAPHIE

La feuille vernie . . . . 1 fr.
La feuille montée sur châssis et vernie . . . . 5 —

- N° 501. Immaculée Conception.
- — 508. Jésus, Marie, Joseph.
- — 513. Saint Joseph.
- — 521. Notre-Dame du Mont-Carmel (avec les âmes du Purgatoire).
- — 526. Saint Antoine de Padoue.
- — 527. Saint François d'Assise.
- — 537. Saint Louis de Gonzague.
- N° 538. Grotte Notre-Dame de Lourdes.
- — 539. L'Archange Saint Raphaël.
- — 540. Saint François d'Assise (vision des plaies).
- — 549. Sacré-Cœur de Jésus.
- — 550. Saint Cœur de Marie.
- — 551. Saint Ramon Nonato.

SÉRIE 600 OLÉOGRAPHIE EN GRANDS FORMATS

La feuille vernie . . . . 5 fr.
La feuille montée sur châssis et vernie . . . . 12 fr.

- N° 601. Le Christ en Croix . . . . Haut. 74 cent. Larg. 53 cent.
- — 602. Immaculée Conception (Murillo) . . . . 74 — 53 —
- — 603. Sacré Cœur de Jésus (Buste) . . . . 71 — 54 —
- — 604. Saint Cœur de Marie (Buste) . . . . 71 — 54 —
- — 605. Saint Joseph (Buste) . . . . 71 — 54 —
- — 606. Notre-Dame du Mont-Carmel (avec les âmes du Purgatoire) . . . 74 — 55 —
- — 611. Jésus de Nazareth (Buste) . . . . 74 — 56 —
- — 612. La Vierge des Sept-Douleurs (Buste) . . . . 74 — 56 —

PETIT FORMAT

La feuille vernie . . . . 3 fr.
La feuille montée sur châssis et vernie . . . . 10 fr.

- N° 606 bis. Notre-Dame du Mont-Carmel (avec les âmes du Purgatoire) . . Haut. 65 cent. Larg. 46 cent.
- — 607. La Sainte Famille (buste) . . . . 67 — 50 —
- — 608. Saint Joseph (buste) . . . . 67 — 50 —
- — 613. Sacré Cœur de Jésus (buste) . . . . 65 — 46 —
- — 614. Saint Cœur de Marie (buste) . . . . 65 — 46 —

LE CHRIST EN CROIX DE LAZERGES
REPRODUCTION DE LA PEINTURE DE H. LAZERGES

Le plus grand et le plus beau modèle fait jusqu'à ce jour en oléographie . . . . Haut. 92 cent. Larg. 56 cent.
Prix verni . . . . 9 fr.
Sur châssis toile, verni . . . . 16 fr.

Convient parfaitement, par sa grandeur, pour Chapelle, Parloir, Salle d'études.

ESTAMPES RELIGIEUSES — PAGE 25

36 GRANDE COLLECTION DITE MOYEN FORMAT
(1)

Sujets de Sainteté, lithographiés, en hauteur, titres Français et Espagnols

Format jésus	72-55 centimètres.	Prix en noir	0 fr. 75
Sujet	44-32 —	— couleur	1 — 50
Format 1/2 grand colombier	63-45 —	— couleur, filet or ovale, fond noir	2 — 50

N° 1. Saint Joseph. (en pied.)
— 2. Sainte Thérèse de Jésus. —
— 3. Jésus meurt sur la croix. —
— 4. San Ramon Nonato. —
— 5. Santa Rita de Casia. —
— 6. Saint Antoine de Padoue. —
— 7. La Mère des Douleurs. —
— 8. Notre-Dame du Mont-Carmel. —
— 9. Notre-Dame du Bon-Conseil. (en buste.)
— 10. Immaculée Conception. (en pied.)
— 11. Notre-Dame du Saint-Rosaire. —
— 12. Nª Sª de las Angustias, patrona de Granada. —
— 13. Le Bon Pasteur. —
— 14. Sainte Eulalie. (en buste.)
— 15. Sainte Marie. —
— 16. La Reine des Anges. (en pied.)
— 17. Baptême de Notre Seigneur. —
— 18. Sainte Anne. —
— 19. Saint Louis de Gonzague. —
— 20. La Nativité de Notre-Seigneur. —
— 21. Le Sacré Cœur de Jésus. (en buste.)
— 22. Très Saint Cœur de Marie. —
— 23. Sainte Madeleine. (en pied.)
— 24. La descente de croix. —
— 25. Jésus Rédempteur du Monde (Christ en croix). —
— 26. Immaculée Conception. —
— 27. L'Assomption. —
— 28. La Sainte Famille. —
— 29. Saint Michel archange. —
— 30. L'Ange gardien. —
— 31. Saint Joseph mourant. —
— 32. Le patriarche saint Joseph (d'après Murillo). (en buste.)
— 33. La Mort de Juste. (en travers.)
— 34. La mort du Pécheur. —
— 35. Notre-Dame de Lourdes (apparition). (en pied.)
— 36. Jésus Sauveur du Monde (Enfant Jésus). —
— 37. La descente de croix de Rubens. —
— 38. Saint Jean-Baptiste. —
— 39. Ecce Homo. (en buste.)
— 40. Mater Dolorosa. —
— 41. Saint Nicolas. (en buste.)
— 42. Saint Patrick. —
— 43. N.-D. des Sept-Douleurs avec les sept épées. (en buste.)
— 44. Jésus de Nazareth. —
— 45. Notre-Dame du Mont-Carmel. —
— 46. Jésus descendu de la croix. —
— 47. N.-D. du Rosaire (entourée des 15 mystères). (en pied.)
— 48. Sainte Catherine. —
— 49. La Très Sainte Trinité. —
— 50. Jésus, Marie, Joseph. —
— 51. Sainte Marie, Mère de Dieu. (en buste.)
— 52. Saint François de Paule. (en pied.)
— 53. Saint Augustin. —
— 54. Saint François d'Assise. —
— 55. Saint Pierre. —
— 56. Sainte Louise. —
— 57. Bienheureuse Germaine Cousin. (en buste.)
— 58. L'Ange Raphaël. —
— 59. L'Ascension de Notre Seigneur Jésus-Christ. —
— 60. Saint Antoine de Padoue. (en buste.)
— 61. Le petit saint Jean. —
— 62. Le Sauveur du Monde. —
— 63. Immaculée Conception de Rome. (en pied.)
— 64. Notre-Dame du Rosaire (couronnée). (en pied.)
— 65. Notre-Dame de la Merci. —
— 66. Saint François Xavier. (en pied.)
— 67. Le Calvaire (Christ en croix). —
— 68. N.-D. du Mont-Carmel avec les âmes du Purgatoire). —
— 69. La Résurrection. —
— 70. Mater Dei. (en buste.)

N° 71. Saint Vincent de Paul. (en pied.)
— 72. Saint Louis de Gonzague. (en buste.)
— 73. Sainte Rose de Lima. (en pied.)
— 74. Sainte Philomène. —
— 75. Saint Georges (à cheval). —
— 76. Sainte Catherine de Sienne. —
— 77. Saint Paul. —
— 78. Sainte Barbe. —
— 79. L'Annonciation. —
— 80. Immaculée Conception (Murillo). —
— 81. Saint Ignace de Loyola. —
— 82. La Vierge à la Chaise. (en buste.)
— 83. La Vierge au Raisin. —
— 84. Saint Joachim et la Sainte Vierge. (en pied.)
— 85. Sainte Brigitte. —
— 86. Saint Laurent. —
— 87. Saint Ferdinand, roi des Espagnes. —
— 88. Saint Thomas d'Aquin. —
— 89. Nuestra Señora del Pilar. —
— 90. Saint Dominique. —
— 91. Notre-Dame des Sept-Douleurs. —
— 92. Saint Charles Borromée. —
— 93. Saint André Avelin. (en buste)
— 94. La Très-Sainte Trinité. —
— 95. Saint Vincent Ferrier. —
— 96. La Sainte Famille. (en buste.)
— 97. Les Saintes Plaies de Notre-Seigneur Jésus-Christ (en pied.)
— 98. Nuestra Señora de los Desamparados. —
— 99. Saint Jacques (à cheval). —
— 100. Mariage de la Sainte Vierge. —
— 101. Enfance de Jésus. —
— 102. Saint Isidore, laboureur. —
— 103. Saint Miguel. —
— 104. Saint Sébastien. —
— 105. Le Bon Pasteur. (en buste.)
— 106. La Divine Bergère. —
— 107. N.-D. de Lourdes (Grotte avec les malades). (en pied.)
— 108. Saint Joseph. —
— 109. La Transfiguration. —
— 110. La Vierge à la Chaise. (en buste.)
— 111. La Présentation de la Sainte Vierge. (en pied.)
— 112. Saint Louis, roi de France. —
— 113. Sainte Jeanne de Valois. —
— 114. Saint Luc, évangéliste. (en buste.)
— 115. Saint Marc, évangéliste. —
— 116. Saint Mathieu, évangéliste. —
— 117. Saint Jean, évangéliste. —
— 118. Saint Stanislas de Kostka. —
— 119. Saint Jean de Dieu. —
— 120. Saint Christophe. —
— 121. Saint Alphonse de Liguori. —
— 122. Sainte Hélène. —
— 123. Sainte Claire. —
— 124. Sainte Monique. —
— 125. Sainte Elisabeth. —
— 126. Jésus enseveli. —
— 127. Sainte Cécile. —
— 128. Sainte Marguerite. —
— 129. Saint Roch. (en pied.)
— 130. Sainte Lucie. (en buste.)
— 131. Notre-Dame du Rosaire. —
— 132. Saint Jean Népomucène. (en pied.)
— 133. Jésus couronné d'épines. —
— 134. Saint François de Sales. —
— 135. Sainte Françoise Romaine. —
— 136. La bienheureuse Marguerite-Marie Alacoque. —
— 137. La fuite en Egypte. —
— 138. Le retour d'Egypte. —
— 139. Notre-Dame de la Salette. —
— 140. Saint Etienne. —

N° 141. Sainte Véronique. (en pied.)
— 142. Intérieur de Nazareth.
— 143. Nª Sª de la Caridad del Cobre.
— 144. Nª Sª de las Mercedes.
— 145. Saint Antoine, ermite.
— 146. Sª Mª Francesca delle cinque piaghe.
— 147. Véritable portrait de N.-S. J.-C. (en buste.)
— 148. Véritable portrait de la très-sainte Vierge. —
— 149. Santissima Virgen de Regla. (en pied.)
— 150. Saint Martin. (à cheval.)
— 151. Saint Gaétan. (en pied.)
— 152. Sacré Cœur de Jésus.
— 153. Saint Cœur de Marie.
— 154. Le Couronnement de la sainte Vierge.
— 155. Évêque sans titre (pour mettre un nom à volonté).
— 156. Sainte sans titre (pour mettre un nom à volonté).
— 157. Saint André.
— 158. Notre-Dame de Lourdes, église et grotte.
— 159. Notre-Dame du Perpétuel Secours. (en buste.)
— 160. Nª Sª de Guadalupe de Mexico. (en pied.)
— 161. Saint Jérôme avec l'ange.
— 162. Miraculeuse image de Notre-Dame de Lujan.
— 163. Adoration des Rois.
— 164. Adoration des Bergers.
— 165. Nossa Senhora da Copacabana.
— 166. Nuestra Señora del Rosario.
— 167. Sainte Agnès.

N° 168. Notre-Dame de Lourdes (Vierge seule). (en pied.)
— 169. Jésus au jardin des Oliviers.
— 170. Vallée de Lourdes. (Vue en travers.)
— 171. Vº Retrato de las Efigies de N. P. Jésus Nazareno y Sºˢ Pˢ S. Servando y Sⁿ Germain. (en pied.)
— 172. S. Christo dos Milagros. (en buste.)
— 173. Sainte Famille (la Vierge de Séville). (en pied.)
— 174. La Très-Sainte Vierge (dite à la Ceinture) (Murillo). (en buste.)
— 175. La Descente de Croix. (en pied.)
— 176. Santa Lutgarda.
— 177. Sainte Brigitte, veuve.
— 178. Nª Sª del Pilar (de Sarragosse).
— 179. Sainte Marguerite.
— 180. Le Calvaire (Christ en Croix).
— 181. Nª Sª de los Desamparados de Valencia.
— 182. Saint Antoine de Padoue.
— 183. Le bon Pasteur (Jésus enfant) (Murillo).
— 184. L'enfant Jésus et le petit Saint Jean.
— 185. Le petit Saint Jean-Baptiste.
— 186. Le petit Saint Jean-Baptiste (Murillo).
— 187. Sainte Justine et Sainte Rufine.
— 188. Nuestro Padre Jesus de los Afligidos.
— 189. Nª Sª de la Piedad. (en buste.)
— 191. N.-D. du Rosaire.
— 192. Nossa Senhora da Conceição.
— 193. N.-D. de Lourdes (Apparition et Église du Rosaire.)

37 SUJETS DITS MOYEN FORMAT EN TRAVERS

TITRE FRANÇAIS ET ESPAGNOLS

Format jésus . . . . 55 sur 72 cent. En noir . . . . 0 fr. 75
Sujet . . . . 31 — 45 —   En couleur . . . . 1 — 50

NOUVEAU TESTAMENT

N° 1. La Cène.
— 2. Les Noces de Cana.
— 3. La Pêche Miraculeuse.
— 4. La Femme adultère.
— 5. Jésus chasse les vendeurs du Temple.
— 6. Jésus bénissant les enfants.

N° 7. Jésus guérissant les malades.
— 8. Jésus chez Marthe et Marie.
— 9. Les Aveugles de Jéricho.
— 10. La Résurrection de Lazare.
— 11. Jésus chez Simon le Pharisien.
— 12. Jésus lave les pieds à ses Apôtres.

ANCIEN TESTAMENT — LA SAINTE BIBLE

N° 13. Judith et Holopherne.
— 14. Jugement de Salomon.
— 15. Éliézer et Rébecca.
— 16. Samson trahi par Dalila.
— 17. Chasteté de Suzanne.
— 18. Passage de la mer Rouge.

N° 19. Isaac bénit Jacob.
— 20. Joseph vendu par ses frères.
— 21. Moïse fait sortir l'eau du rocher.
— 22. Tobie rend la vue à son père.
— 23. Job sur son fumier.
— 24. Daniel dans la fosse aux lions.

38 COMPOSITIONS TIRÉES DE L'HISTOIRE SACRÉE

EN IMPRESSIONS DE COULEURS D'APRÈS LES TABLEAUX DE LELOIR, GLUCK DESANDRÉ, ETC., ETC.
TITRES FRANÇAIS, ESPAGNOL ET ANGLAIS

Format jésus . . . . 55 sur 72 cent. En noir avec teinte . . . . 1 fr. »
Sujet . . . . 32 — 46 —   Impressions en couleurs . . . . 2 — »

N° 1. Le Jugement dernier.
— 2. Le Purgatoire.
— 3. Le Paradis.
— 4. L'Enfer.
— 5. Vie de Notre-Seigneur Jésus-Christ.
— 6. Vie de la très-sainte-Vierge.
— 7. Le Chemin de la Croix (14 stations).
— 8. Les 15 Mystères du Rosaire.

N° 9. La Création du Monde.
— 10. Naissance du Sauveur.
— 11. Mort du fils de Dieu.
— 12. La fin du monde.
— 13. Les Hébreux traversant le désert.
— 14. Les Juifs emmenés en captivité.
— 15. Les trois jeunes hommes dans la fournaise.
— 16. Le festin de Balthazar.

39. SUJETS DE SAINTETÉ 1/2 PETIT COLOMBIER

TITRES FRANÇAIS ET ESPAGNOLS

Papier 1/2 petit colombier	57 sur 40 cent.	En noir	0 fr. 50
Sujet	33 — 26 —	Couleur	1 —
		Couleur fond noir sans marges	2 — »

N° 1. Agonie de Jésus (Christ en croix).		N° 50. Le Sommeil de l'Enfant Jésus.	(en pied.)
— 2. Sainte Marie.	(en buste.)	— 51. Mater Amabilis.	(en buste.)
— 3. La Vierge au Raisin.		— 52. La Vierge au Livre.	
— 4. La Religion victorieuse.		— 53. Mater Christi.	
— 5. Le Patriarche saint Joseph (MURILLO).	(en buste.)	— 54. La Vierge à la Légende.	(en pied.)
— 6. L'Assomption de la très-Sainte Vierge.		— 55. Mater divinæ gratiæ.	(en buste.)
— 7. Immaculée Conception.		— 56. Mater purissima.	
— 8. La Sainte Famille (Vierge de Séville, d'après MURILLO).		— 57. La Vierge dite la Belle Jardinière.	
— 9. Sacré Cœur de Jésus.	(en buste.)	— 58. La Vierge aux Anges.	
— 10. Le Saint Cœur de Marie.		— 59. L'Immaculée Conception.	—
— 11. Jésus bénit les enfants.	(en pied.)	— 60. Saint Michel archange.	—
— 12. Apparition de Jésus à Madeleine.		— 61. Sainte Thérèse.	
— 13. La Femme adultère.		— 62. Saint Louis, roi.	
— 14. La Samaritaine.		— 63. Saint François d'Assise.	
— 15. L'Annonciation		— 64. Saint Vincent de Paul.	
— 16. La fille de Jaïre ressuscitée.		— 65. Saint François de Sales.	(en buste.)
— 17. Jésus retrouvé dans le Temple.		— 66. Saint Pierre.	(en buste.)
— 18. L'Adoration des Anges.		— 67. Saint Paul.	
— 19. Laissez venir à moi les petits enfants.		— 68. Saint Jean évangéliste.	
— 20. Saint Antoine de Padoue (MURILLO).	(en buste.)	— 69. Jésus de Nazareth.	
— 21. Notre-Dame de Bethléem (VAN DYCK).		— 70. Notre-Dame des Sept-Douleurs.	
— 22. Mater Dei (A. SOLARI).		— 71. La Vierge du Lac (LÉONARD DE VINCI).	(en pied.)
— 23. La Vierge à la Chaise.		— 72. La Vierge au silence (A. CARRACHE).	(en buste.)
— 24. Salvator Mundi (Christ en croix).	(en pied.)	— 73. La Mère du Rédempteur (RAPHAEL).	
— 25. Immaculée Conception (MURILLO).		— 74. La Vierge à la Chaise (RAPHAEL).	(médaillon.)
— 26. Les Adieux divins.		— 75. Le Christ en Croix (PRUDHON).	(en pied.)
— 27. Le Cédron subelisé.		— 76. La Vierge au Chapelet (MURILLO).	
— 28. L'Instrument de la Rédemption.		— 77. La Vierge au Donataire (RAPHAEL).	
— 29. Jésus prie pour l'humanité.		— 78. Saint Louis de Gonzague.	(en buste.)
— 30. Douleur de Marie.		— 79. Notre-Dame du Mont-Carmel.	
— 31. L'Agneau de Dieu.		— 80. Saint Étienne.	
— 32. Le Triomphe de Jésus-Christ.		— 81. Notre-Dame du Mont-Carmel (avec les âmes).	(en pied.)
— 33. Sainte Thérèse.		— 82. Ange Gardien.	
— 34. Notre-Dame des Sept-Douleurs.		— 83. Saint Joseph.	(en buste.)
— 35. Ecce Homo.	(en buste.)	— 84. Purisimo Corazon de Maria (p. la Havane).	(en buste.)
— 36. Mater Dolorosa.		— 85. Sainte Anne.	
— 37. Jésus, Marie, Joseph.	(en pied.)	— 86. Notre-Dame du Rosaire.	
— 38. Le petit Saint Jean.	(en buste.)	— 87. Saint Vincent Ferrier.	(en buste.)
— 39. Le Sauveur du Monde.		— 88. L'Ange Gardien.	
— 40. Jésus Charles Borromée.	(en travers.)	— 89. Jésus Rédempteur.	
— 41. Sainte Cécile.		— 90. La Sainte Famille.	
— 42. La Transfiguration.	(en pied.)	— 91. Jésus instituant l'Eucharistie.	
— 43. Christ en Croix.		— 92. Sainte Rose de Lima (MURILLO).	(en buste.)
— 44. Descente de Croix.		— 93. La chasse de sainte Philomène.	(en travers.)
— 45. Sainte Famille.		— 94. Le réveil de l'Enfant Jésus (MURILLO).	
— 46. Sainte Famille.		— 95. Santa Lutgarda.	
— 47. La Vierge au Poisson.		— 96. La Nativité.	
— 48. Madone de Saint Sixte.		— 97. Sainte Marie, mère de Dieu.	(en buste.)
— 49. La Famille de Nazareth.	(en buste.)	— 98. Occupation de la Sainte Famille.	(en pied.)

40. MÊME FORMAT QUE LA SÉRIE 39

En noir..... 0 fr. 50 | En couleur..... 1 fr.

SUJETS EN TRAVERS. Grandeur du sujet .... 40 sur 23 cent.

N° 1. La Cène.	N° 4. Jésus montant au Calvaire.
— 2. Les noces de Cana.	— 5. Jésus chassant les marchands du temple.
— 3. Jésus et les petits enfants.	— 6. L'adoration des mages.

41. GRANDS SUJETS RELIGIEUX

FORMAT GRAND-AIGLE

La vraie vigne Chrétienne. . . . . Noir . . . . . . 1 fr. 50
Belle gravure à la manière noire montrant l'Église sous la figure d'un arbre allégorique Couleur . . . . . . 7 » »
dont les branches, sans fruits et coupées, représentent les différentes sectes qui se sont Sur toile, noir . . . . 6 » »
séparées de son sein. Sur toile, couleur . . . 11 » »

L'auteur de ce tableau reçut une médaille de S. S. Grégoire XVI en témoignage de son approbation.

Jésus au jardin des Oliviers, gravé à la manière noire, par TONY, d'après DUBUFE. Sujet 54/68 . noir 4 » couleur 10 » »
La Cène, lithographiée d'après LÉONARD DE VINCI, titre français et latin . . . . Sujet 49/72 . — 2 » — 4 » »

42. FORMAT GRAND COLOMBIER

SIX SUJETS EN BUSTE, HAUTEUR LITHOGRAPHIÉS, Sujet 59/48 . . . . Noir . . . . 1 fr. 25
Couleur . . . 2 50

N° 1. Sacré Cœur de Jésus.	N° 4. Saint Antoine de Padoue.
— 2. Le Saint Cœur de Marie.	— 5. Ecce Homo.
— 3. Le Patriarche saint Joseph.	— 6. Mater Dolorosa.

43 (1)

FORMAT PETIT COLOMBIER 80/57

SUJETS EN HAUTEUR LITHOGRAPHIÉS Hauteur 53 cent. Largeur 39 cent. La feuille.... { Noir..... 1 fr. Couleur. 2 —

- Nº 1. Adoration des Mages.
- — 5. Jésus Salvator Mundi (*Christ en croix*).
- — 6. La Descente de croix.
- — 7. La Visitation.
- — 8. La Samaritaine.
- — 9. Saint Joseph.
- — 10. Saint Vincent de Paul.
- — 11. L'Immaculée Conception.
- — 12. Saint François-Xavier, apôtre des Indes.
- — 13. Jésus marchant sur les eaux.
- Nº 14. La Sainte Famille.
- — 15. L'Ange Gardien.
- — 16. Saint François de Sales (épuisé).
- — 17. Le Portement de croix (*Spasimo*).
- — 19. Le Christ en croix, d'après Van Dick.
- — 21. L'Annonciation, gravée à la manière noire, d'après Coypel.
- — 22. La fuite en Egypte, gravée à la manière noire, d'après Coypel.
- — 23. La Résurrection, gravée à l'aquatinte.
- — 24. Sainte Marie, patronne des bonnes mères.

44 (1)

GALERIE RELIGIEUSE

SUJETS RELIGIEUX EN HAUTEUR AVEC FILET OR OVALE, TITRES FRANÇAIS, ESPAGNOL, ANGLAIS

Format 1/4 jésus. . . . . 36/27 cent. { En noir, teinte et filet or . . . . fr. 25
Sujet . . . . 19/15 — Couleur, teinte graduée et filet or . . . . . . » 75
Pour gélatiner la feuille, net, 0 fr. 15

- Nº 1. Ecce homo.
- — 2. Mater Dolorosa.
- — 3. L'Ange gardien.
- — 4. L'Archange saint Raphaël.
- — 5. Sacré Cœur de Jésus.
- — 6. Très-saint Cœur de Marie.
- — 7. Le patriarche saint Joseph.
- — 8. Sainte Anne.
- — 9. Notre-Dame du Mont-Carmel avec les âmes (en pied).
- — 10. Notre-Dame du Rosaire (en pied).
- — 11. Saint Stanislas de Kostka.
- — 12. Saint Louis de Gonzague.
- — 13. Saint Antoine de Padoue.
- — 14. Notre-Dame de la Pureté.
- — 15. Nª Sª de Begoña.
- — 16. La Vierge à la Chaise.
- — 17. Mater Amabilis.
- — 18. Saint François d'Assise.
- — 19. Saint François de Paule.
- — 20. Le doux nom de Jésus.
- — 21. Le doux nom de Marie.
- — 22. Jésus Rédempteur du monde.
- — 23. Immaculée Conception.
- — 24. Saint Ignace de Loyola.
- — 25. Saint François-Xavier.
- — 26. Médaille miraculeuse.
- — 27. Sainte Marguerite de Cortone.
- — 28. Marie Immaculée (Rome 8 décembre).
- — 29. Notre-Dame du Rosaire (en buste).
- — 30. Notre-Dame de la Merci.
- — 31. Saint Louis, roi.
- — 32. Saint Gaëtan.
- — 33. Sainte Marie, mère du Sauveur.
- — 34. Saint Charles Borromée.
- — 35. Le petit saint Jean.
- — 36. Le Sauveur du Monde.
- — 37. Le Bon Pasteur.
- — 38. La Divine Bergère.
- — 39. Saint Michel, archange.
- — 40. Sainte Thérèse de Jésus.
- — 41. Sainte Madeleine.
- — 42. Saint Vincent de Paul.
- — 43. Notre-Dame des Affligés.
- — 44. Saint Vincent Ferrier.
- — 45. Saint Joseph, patron de la bonne mort, avec une prière (se vend en toutes langues).
- — 46. Pie IX (en buste).
- — 47. Saint Bernard.
- — 48. La Mère du divin Amour.
- — 49. La Mère de Miséricorde.
- — 50. L'Agonie de Jésus.
- — 51. L'Évanouissement de la Sainte Vierge.
- — 52. Jésus de Nazareth.
- — 53. Notre-Dame des Sept-Douleurs.
- — 54. Adoration des Mages.
- Nº 55. Adoration des Bergers.
- — 56. L'Ascension de Notre-Seigneur Jésus-Christ.
- — 57. L'Assomption de la Sainte-Vierge.
- — 58. Sainte Catherine de Sienne.
- — 59. Sainte Rose de Lima.
- — 60. Santa Rita de Casia.
- — 61. Le Désiré des Nations.
- — 62. L'Asile du Repentir.
- — 63. La divine Eucharistie.
- — 64. Notre-Dame de la Compassion.
- — 65. Le Bon Ange.
- — 66. Saint Bruno.
- — 67. Notre-Dame de la Salette.
- — 68. La bienheureuse Marguerite-Marie Alacoque.
- — 69. Saint Paul.
- — 70. Saint Pierre.
- — 71. Saint Berchmans.
- — 72. Sainte Françoise.
- — 73. Saint François de Sales.
- — 74. Sª Mª Francesca (dolle cinque piaghe).
- — 75. Saint Alphonse de Liguori.
- — 76. Saint Jean Népomucène.
- — 77. Sainte Anne (sujet spécial pour confréries).
- — 78. Sainte J.-F. Frémiot de Chantal.
- — 79. La Vierge au Raisin.
- — 80. Saint Joseph.
- — 81. Jésus, Marie, Joseph.
- — 82. San Ramon Nonato.
- — 83. Notre-Dame du Bon-Conseil.
- — 84. Apparition de Notre-Dame de Lourdes.
- — 85. La Fuite en Egypte.
- — 86. Le Retour d'Egypte.
- — 87. Notre-Dame de la Piétà.
- — 88. Notre-Dame du Perpétuel Secours.
- — 89. Notre-Dame du Sacré-Cœur (en buste).
- — 90. Saint Joseph du Sacré-Cœur (en buste).
- — 91. Manifestation du Sacré-Cœur à la B. M.-M.
- — 92. Saint Joseph notre Protecteur.
- — 93. Saint Joseph patron de l'enfance.
- — 94. Sacré Cœur de Jésus.
- — 95. Saint Cœur de Marie.
- — 96. Sommeil de l'enfant Jésus.
- — 97. Sainte Cécile.
- — 98. Sainte Philomène.
- — 99. Mater Dei.
- — 100. L'Annonciation.
- — 101. La Mère de l'Amour divin.
- — 102. Saint Joseph gardien de l'enfant Jésus.
- — 103. B. Petrus Canisius.
- — 104. Notre-Dame de Marpingen.
- — 105. Notre Saint-Père le Pape Léon XIII.
- — 106. Notre-Dame du Mont-Carmel (en buste).
- — 107. Notre-Dame du Rosaire. —
- — 108. Maria Hilf.

Quelques sujets se font en carré teinte chine.

Format de papier. . . . . 36/27 — Sujets. 23/18

- Nº 1. S. Cœur de Jésus. Buste
- — 2. S. Cœur de Marie. Buste
- — 3. Christ en Croix . Pied
- — 4. Ste Madeleine. . . Buste

{ Noir . . . . 0 fr. 25
Couleur. . 0 fr. 75

ESTAMPES RELIGIEUSES — PAGE 29

ARTICLES D'EXPORTATION

COMPRENANT

LES SAINTETÉS EN PIED, SAINTETÉS EN BUSTE, SAINTETÉS EN TRAVERS, SAINTETÉS A 2 A LA FEUILLE
SAINTETÉS A 4 A LA FEUILLE, HISTOIRES

Ces collections renferment tous Christs, Vierges, Saints et Saintes en vénération dans les différents États
du Sud de l'Amérique, Colonies espagnoles et portugaises.

CES SUJETS ONT ÉTÉ FAITS D'APRÈS LES DESSINS REÇUS DES DIFFÉRENTES LOCALITÉS

AVEC TITRES FRANÇAIS, ANGLAIS, ESPAGNOLS ET PORTUGAIS

Pour une commande de moins de 500 feuilles, 10 fr. pour l'impression d'un texte spécial

Nous vendons les 15 Mystères du Rosaire en feuille formant collection de 15 estampes

45
(1)

SAINTETÉS EN PIED

Papier 1/4 colombier. . . . . . . 46-31 centimètres. (Prix en noir. . . . . 0 fr. 15
Sujet. . . . . 26-22 — (— couleur. . . . . 0 — 25

- Nº 1. Médaille miraculeuse.
- — 2. Médaille miraculeuse avec miracles.
- — 3. Jésus meurt sur la croix.
- — 4. Le Christ aux Anges.
- — 5. La Reine des Anges.
- — 6. Les cinq plaies de Notre-Seigneur Jésus-Christ.
- — 7. La Mère des Douleurs.
- — 8. Notre-Dame du Mont-Carmel.
- — 9. Notre-Dame du Scapulaire.
- — 10. Notre-Dame du saint Rosaire.
- — 11. Notre-Dame du Pilier.
- — 12. Notre-Dame des Sept-Douleurs (avec mystères).
- — 13. Notre-Dame de la Guadeloupe.
- — 14. Notre-Dame de Bonne-Délivrande.
- — 15. Notre-Dame de la Garde.
- — 16. Notre-Dame de Yucatan.
- — 17. Justine de la bonne mort.
- — 18. Notre-Dame de la Merci.
- — 19. Notre-Dame du saint Rosaire (avec les quinze mystères).
- — 20. Notre-Dame de Lujan.
- — 21. Notre-Dame des Victoires.
- — 22. L'Ange Gardien.
- — 23. L'Ange Gabriel.
- — 24. L'Ange Gardien, nº 1.
- — 25. — nº 2.
- — 26. — nº 3.
- — 27. — nº 4.
- — 28. L'Annonciation.
- — 29. Intérieur de Nazareth.
- — 30. La Sainte Famille.
- — 31. Adoration au Sacré Cœur de Jésus.
- — 32. Adoration au très-saint Sacrement.
- — 33. Enfance de Jésus.
- — 34. Immaculée Conception.
- — 35. L'Assomption de la Sainte Vierge.
- — 36. Ascension de Notre-Seigneur.
- — 37. Je suis le bon Pasteur.
- — 38. La très-sainte Trinité (deux figures).
- — 39. La Descente de croix.
- — 40. Divine Bergère.
- — 41. Santa Izabel, reinha de Portugal.
- — 42. La Mano Potentia.
- — 43. Saint Auguste.
- — 44. Nª Sª de Guadalupe.
- — 45. Vº Rº Christo da Praia (Açores).
- — 46. Saint Rémi.
- Nº 47. Occupation de la Sainte Famille.
- — 48. Jésus, Marie, Joseph.
- — 49. Baptême de Notre-Seigneur.
- — 50. Mariage de la Sainte Vierge.
- — 51. Pentecôte.
- — 52. La Fuite en Egypte.
- — 53. Le Retour d'Egypte.
- — 54. Repos en Egypte.
- — 55. Je suis le bon Pasteur.
- — 56. La Résurrection.
- — 57. Santo Amaro.
- — 58. Nª Sª do Cabo.
- — 59. Nª Sª da Atalaia.
- — 60. La Présentation de la Sainte Vierge au Temple.
- — 61. La Purification de la Sainte Vierge.
- — 62. Sacré Cœur de Jésus.
- — 63. Très-saint Cœur de Marie.
- — 64. Nª Sª da boa morte, Coimbra.
- — 65. La Toussaint.
- — 66. Sª Eduvigis, princesse de Polonia.
- — 67. Jésus-Christ institue saint Pierre chef de l'Église.
- — 68. Adoration de la Croix.
- — 69. Nativité de la Sainte Vierge.
- — 70. Prière pour le soulagement des âmes du Purgatoire.
- — 71. San Serapio.
- — 72. Saint Lazare.
- — 73. Sainte Félicienne.
- — 74. San Gonzalo de Amarante.
- — 75. Sainte Julienne.
- — 76. Jésus enfant.
- — 77. Petit saint Jean.
- — 78. Jésus Rédempteur.
- — 79. Jésus notre Sauveur.
- — 80. Enfant Jésus sur paille (Noël).
- — 81. Adoration des Rois.
- — 82. Adoration des Bergers.
- — 83. Sainte Adèle.
- — 84. — Angèle.
- — 85. — Agnès de Monte-Pulciano.
- — 86. — Anne.
- — 87. San Diego de Alcala.
- — 88. Sainte Apolline.
- — 89. — Augustine.
- — 90. — Adélaïde.
- — 91. — Dominique.
- Nº 92. Sainte Alexandrine.
- — 93. — Barbe.
- — 94. — Cécile.
- — 95. — Catherine.
- — 96. — Clotilde.
- — 97. — Michèle.
- — 98. — Catherine de Sienne.
- — 99. — Elisabeth.
- — 100. — Félicité.
- — 101. — Françoise.
- — 102. — Germaine Cousin.
- — 103. — Gertrude.
- — 104. — Geneviève.
- — 105. — Agnès.
- — 106. — Julie.
- — 107. — Joséphine.
- — 108. — Jeanne.
- — 109. — Justine et sainte Rufine.
- — 110. — Louise.
- — 111. — Mélanie.
- — 112. — Marthe.
- — 113. — Marie.
- — 114. — Marguerite.
- — 115. — Madeleine.
- — 116. — Marguerite de Cortone.
- — 117. — Ursule.
- — 118. — Philomène (pied).
- — 119. — Philomène (buste, avec miracles).
- — 120. — Philomène (en châsse).
- — 121. — Pauline.
- — 122. — Rita de Casia.
- — 123. — Eléonore.
- — 124. — Rose de Lima.
- — 125. — Reine.
- — 126. — Rosalie de Palerme.
- — 127. — Suzanne.
- — 128. — Thérèse de Jésus.
- — 129. — Virginie.
- — 130. — Virginie.
- — 131. Senhor Bom Jesus da Lapa.
- — 132. Saint Antoine, ermite.
- — 133. — André Avelin.
- — 134. — Augustin.
- — 135. — Alexandre.
- — 136. — Antoine de Padoue.
- — 137. — Ambroise.
- — 138. — Benoît.

ESTAMPES RELIGIEUSES

Nº 139. Saint Bernard.
— 140. — Bruno.
— 141. — Charles Borromée.
— 142. La Communion de saint Jérôme.
— 143. Saint Silvestre.
— 144. — Denis.
— 145. — Dominique.
— 146. — Dominique de Guzman.
— 147. — Etienne.
— 148. — François Xavier.
— 149. — François d'Assise.
— 150. — François de Paule.
— 151. — François de Sales.
— 152. — Gaëtan.
— 153. — Grégoire.
— 154. — Georges (à cheval).
— 155. — Hubert.
— 156. — Isidore.
— 157. — Ignace de Loyola.
— 158. — Jacques (à cheval, patron d'Espagne et des Indes).
— 159. — Jacques, apôtre, patron d'Espagne.
— 160. — Jean de la Croix.
— 161. — Jean de Dieu.
— 162. — Jean Népomucène.
— 163. — Jean-Baptiste.
— 164. — Joseph.
— 165. — Jérôme.
— 166. — Joseph, patron de la bonne mort.
— 167. — Joachim.
— 168. — Louis, roi.
— 169. — Louis de Gonzague.
— 170. — Laurent.
— 171. — Michel.
— 172. — Maurice.
— 173. — Martin.
— 174. — Paul.
— 175. — Nicolas.
— 176. — Pierre.
— 177. — Roch.
— 178. L'Archange saint Raphaël.
— 179. Saint Ramon Nonato.
— 180. — Sébastien.
— 181. — Stanislas de Kostka.
— 182. — Vincent Ferrier.
— 183. — Vincent de Paul.
— 184. — Yves.
— 185. — Audré, apôtre.
— 186. — Barthélemy. —
— 187. — Judes. —
— 188. — Jacques le Mineur. —
— 189. — Jacques le Majeur. —
— 190. — Mathias. —
— 191. — Mathieu. —
— 192. — Philippe. —
— 193. — Paul. —
— 194. — Pierre. —
— 195. — Simon. —
— 196. — Thomas. —
— 197. — Jean. évangéliste.
— 198. — Luc. —
— 199. — Marc. —
— 200. — Mathieu. —
— 201. — Jean. —
— 202. — Philippe de Néri.
— 204. — Yves. —
— 205. Santo Evaristo (Papa).
— 206. — Eulogio, archevêque de Tolède.
— 207. N. S. del Buen Viage.
— 208. Saint Ferdinand.
— 209. — Manuel.
— 210. — Thomas d'Aquin.
— 211. — Christophe.
— 212. — Vincent.
— 213. — Bonaventure.
— 214. — Hyacinthe.
— 215. — Jacques (à cheval).
— 216. — Joachim.
— 217. La Décollation de saint Jean.
— 218. Saint Paul, ermite.
— 219. — Félix de Cantalicio.
— 220. — Julien.
— 221. — Pascal Baylon.
— 222. — Daniel.
— 223. — Faust.
— 224. — Emile.
— 225. — Edouard.
— 226. — François Xavier, mourant.

Nº 227. Le B. Alphonse Rodriguez.
— 228. Saint Amable.
— 229. Saints Crépin et Crépinien.
— 230. Sainte Madrone.
— 231. — Héduvigis.
— 232. — Véronique.
— 233. — Paule.
— 234. — Lucie.
— 235. — Monique.
— 236. — Librada.
— 237. — Lutgarda.
— 238. — Eupuémie.
— 239. — Dorothée.
— 240. — Hélène.
— 241. — Rita de Casia.
— 242. Nª Sª de Oaxaca, ⎫
— 243. Nª Sª del Carmen, ⎬ Vierges
— 244. Nª Sª de Huatulco, ⎪ du Mexique
— 245. Nª Sª de Oaxaca, ⎬ sur
— 246. Nª Sª de Juquila, ⎪ fond blanc.
— 247. Nª Sª de Guadalupe, ⎭
— 248. Nª Sª de la Merced,
— 249. La Purísima Concepcion (d'après Murillo).
— 250. Nª Sª de las Angustias, patrona de Granada.
— 251. Le Couronement de la sainte Vierge.
— 252. Jésus au Jardin des Oliviers.
— 253. Notre-Dame de Bon-Secours.
— 254. Nuestra Señora de Chiquinquira.
— 255. — de Regla.
— 256. Image de la très-sainte Annonciation.
— 257. Le Calvaire (Christ).
— 258. Nuestra Señora de la Salud.
— 259. San Judas Tadeo.
— 260. La Sainte Face de Notre-Seigneur.
— 261. Nuestra Señora de la Correa.
— 262. Voici l'Agneau de Dieu.
— 263. Nuestra Señora de las Mercedes
— 264. Milagrosa imagen de Nª Sª de Luxan.
— 265. Notre-Dame des Sept-Douleurs (avec quatre petites vignettes).
— 266. Carmona.
— 267. Nossa Senhora dos Remedios.
— 268. — de la Solitude.
— 269. Jésus de Nazareth.
— 270. Jésus, Sauveur du Monde.
— 271. Marie, Mère de Jésus.
— 272. Santo Cristo de la Salud.
— 273. Notre-Dame de Grâce.
— 274. L'Enfant Jésus prêchant dans le Temple.
— 275. Nª Sª del Amparo.
— 276. Nª Sª del Socorro.
— 277. Véritable portrait de Notre-Dame de Grâce.
— 278. Notre-Dame des Sept-Douleurs.
— 279. Le Christ de Salamed.
— 280. Véritable portrait de Notre-Dame du Rosaire.
— 281. Notre-Dame de Valvanera.
— 282. San Pedro Claver.
— 283. Notre-Dame du Mont-Carmel (avec les âmes du Purgatoire).
— 284. La mort de la sainte Vierge.
— 285. Dolorosa Imagen de Jésus.
— 286. Notre-Dame de Bon-Conseil.
— 287. — des Neiges.
— 288. Nuestra de Señora de Monserrate.
— 289. Notre-Dame de Grâce (d'Archidona).
— 290. Jésus, Marie, Joseph (d'après Murillo).
— 291. Notre-Dame de la Chandeleur.
— 292. Saint Simon Stock, recevant le scapulaire du Mont-Carmel.
— 293. Nª Sª de los Desamparados.
— 294. Sainte Mathilde.
— 295. — Eulalie.
— 296. — Claire.
— 297. Véritable portrait de Notre-Dame de Grâce (de Carmone).
— 298. Notre-Dame du Refuge (de Palerme).
— 299. Santa Engracia.
— 300. Santa Engracia.
— 301. La nativité de N. S. Jésus-Christ.
— 302. Nª Sª de la Caridad del Cobre (avec médaillons).
— 303. La Purísima Concepcion (d'après Murillo).
— 304. La Divina Infantita Maria Smª.
— 305. Nª Sª de la Piedad.

Nº 306. N.-D. du Refuge.
— 307. Nª Sª de la Luz.
— 308. El Santo Niño de Atocha.
— 309. Nª Sª de Guadalupe de Mexico.
— 310. La Preciosa Sangre.
— 311. Imagen del Sº Niño Cautivo.
— 312. Las Santísimas Llagas.
— 313. San Camillo de Lelis.
— 314. El Sºr de Chalma.
— 315. Nª Sª de la Soledad de Santa Cruz.
— 316. Nª Mre y Srª de la Soledad.
— 317. Jesus divino preso.
— 318. Mª Yª del Sºr de los Trabajos.
— 319. La Smª Trinidad (trois figures).
— 320. Sn Benito de Palermo.
— 321. Sª Cayetano.
— 322. Jésus mis au tombeau.
— 323. Jésus descendu de la Croix.
— 324. La Passion de N.-S. Jésus-Christ.
— 325. Saint Eugène.
— 326. Refuge des Naufragés.
— 327. Nª Sª de Nazareth.
— 328. Sainte Amélie.
— 329. Santa Marina.
— 330. Divina Pastora (Trinidad).
— 331. Jésus crucifié entre deux voleurs.
— 332. Sainte Eugénie.
— 333. Saint Jules.
— 334. La Flagellation.
— 335. Saint Marcel.
— 336. — Léon.
— 337. Immaculée Conception (de Rome).
— 338. Saint Clément.
— 339. Sainte Joaquine.
— 340. — Marianne.
— 341. La Visitation.
— 342. Nª Sª de la Cueva Santa.
— 343. El Señor de la Caña.
— 344. Saint Eloi.
— 345. San Blas (obispo de Bahia).
— 346. Vera imágen de N. S. Piedad.
— 347. Sainte Sophie.
— 348. — Candide.
— 349. — Charlotte.
— 350. — Emilie.
— 351. Saint Pierre Nolasco.
— 352. — Francisco Solano.
— 353. — Alexis.
— 354. — Alphonse M. de Liguori.
— 355. — J.-Baptiste de la Salle.
— 356. — Guillaume.
— 357. — Charles, roi.
— 358. Sainte Caroline.
— 359. — Agathe.
— 360. — Henriette.
— 361. — Antoinette.
— 362. Saint Vincent (vigneron).
— 363. Sn Toribio (obispo).
— 364. Sn Caralampio.
— 365. Jésus tombé pour la troisième fois.
— 366. Saint Côme et Saint Damien.
— 367. — Patrick.
— 368. Sª Mariano.
— 369. Santa Bibiana.
— 370. — Balbina.
— 371. Saint Jean Chrysostome.
— 372. — Cyprien.
— 373. — Prosper.
— 374. Los Saints Innocents.
— 375. Saint Hippolyte.
— 376. — Valentin.
— 377. — Marcellin.
— 378. Sainte Marceline.
— 379. — Bernadine.
— 380. Saint Bernardin.
— 381. — Léopold.
— 382. — Paul (à cheval).
— 383. La Vierge au Palmier.
— 384. Saint Théodore.
— 385. Sainte Théodore.
— 386. Santa Tomasa.
— 387. Saint Léonard.
— 388. Sainte Leonarde.
— 389. — Benoîte.
— 390. — Christine.
— 391. — Leocadia.
— 392. Saint Frédéric.
— 393. — Richard.
— 394. — Casimir.
— 395. Sainte Clémentine.

ESTAMPES RELIGIEUSES   PAGE 31

N° 397. Sainte Léopoldine.	N° 441. Sainte Célestine.	N° 488. Saint Joseph.
— 398. — Guilhermine.	— 442. — Anastasie.	— 489. Notre-Dame de la Salette.
— 399. Jésus crucifié.	— 443. Saint Anselme.	— 490. Nª Sª de la Caridad del Cobre.
— 400. Saint Jérôme (avec l'ange).	— 444. San Pedro d'Alcantara.	— 491. — de las Mercedes.
— 401. Senhos Dos Passos.	— 445. — Robert.	— 492. El Señor de las cruces.
— 402. Saint Albin.	— 446. Senhor Jesus do bom fim.	— 493. Santo Biagio.
— 403. El Senor de Mayo.	— 447. Tête de Mort.	— 494. Saint Michel, archange (avec la balance).
— 404. Sainte Hortense.	— 448. Sainte Nathalie.	
— 405. — Delphine.	— 449. Saint Félix de Valois.	— 495. Nª Sª de buen Viage.
— 406. Saint Paulin.	— 450. Le petit saint Jean.	— 496. Cachet de communion pour la Havane.
— 407. — Vincent Ferrère (avec l'ange sonnant de la trompette).	— 451. La sainte Famille.	— 497. Santa Catalina de Riccis.
	— 452. Senhor Bom Jesus da Cruz.	— 498. Santa Maria Francesca (delle cinque pisghe di Gesù).
— 408. Sainte Rose de Viterbe.	— 453. Nª Sª de Atocha.	
— 409. Le Couronnement d'épines.	— 454. Le Sauveur du Monde.	— 499. L'Annonciation de la sainte Vierge, pour (Malte).
— 410. Sainte Ludovine.	— 455. N. S. da Conceição apparecida.	
— 411. Sª Quiteria.	— 457. La B. V. della Consolazione.	— 500. Saint Victor.
— 412. Saint Victorin.	— 458. Sainte Brigitte.	— 501. — Martin de Porres (en pied).
— 413. Sainte Camille.	— 459. N. P. Jesus de la buena morte.	— 502. — Martin de Porres (Venerable Siervo de Dios) (buste).
— 414. Notre-Dame d'Afrique.	— 460. Saint Michel de Sanctis.	
— 415. Saint Maron (fondateur des Maronites).	— 462. Je suis le Bon Pasteur.	— 503. El Santmo Cristo de la Misericordia del puerto de la cruz.
	— 463. Notre-Dame des Sept-Douleurs.	
— 416. N. S. da Penha.	— 464. Saint Joseph et l'enfant Jésus.	— 504. Santa Teresa de Jesus.
— 417. Sacré Cœur de Jésus (le cœur seul).	— 465. El Señor de la Misericordia.	— 505. Nª Sª de los Desamparados.
— 418. Très saint Cœur de Marie (le cœur seul).	— 466. Sanctus Paulus.	— 506. Le Patriarche saint Joseph.
	— 467. Salvator Mundi.	— 507. Saint Ernest.
— 419. Providence de Dieu.	— 468. Il divino Bambino d'Araceli.	— 508. Sª Esperanza.
— 420. N.-S. do Parto.	— 469. Saint Constantin.	— 509. San Jacinto de Yaguachi.
— 421. — da Saude e Gloria.	— 470. — Séverin.	— 510. Notre-Dame de Pontmain (apparition).
— 422. Nª Padre de la Salud.	— 471. L'immacolata Concezione di Maria Vergine.	— 511. H. Leonardus Van Vechel (pour la Hollande).
— 423. Sainte Angeline.		
— 424. Saint Adrien.	— 472. Sainte Madeleine de Pazzi.	— 512. Notre-Dame de Lourdes (apparition).
— 425. — Ildefonse.	— 473. Nª Sª de la Caridad del Cobre.	— 513. Nª Sª del Socorro.
— 426. Sainte Florinde.	— 474. Saint Firmin.	— 514. Présence de Dieu.
— 427. Saint Cyrille.	— 475. — Ciriaco.	— 515. Manifestation du Sacré-Cœur à la B. M.-M.
— 428. Sainte Ermelinde.	— 476. Sr Bom Jesus Ecce Homo do Trimembé.	
— 429. — Casilde.		— 516. Nossa Senhora da Copacabana.
— 430. Saint Alfred.	— 477. Ecce Homo.	— 517. Nª Sª da Penna.
— 431. Sainte Véronique de Juliani.	— 478. Saint Candide.	— 518. La sainte Famille.
— 432. Saint Adolphe.	— 479. S. Pubblio.	— 519. El señor de la Porteria.
— 433. — Edmond.	— 480. S. Pubblio.	— 520. El Santmo Cristo de las Ampollas.
— 434. — Emilio.	— 481. B. Benedetto Giuseppe Labre.	— 521. Notre-Dame du Sacré Cœur.
— 435. — J.-François Régis.	— 482. S. Filippo d'Argiro.	— 522. Saint Joseph du Sacré-Cœur.
— 436. — François de Borgia.	— 483. Enfance de Jésus.	— 523. Notre-Dame de Lourdes (Vierge seule).
— 437. Sainte Colette.	— 484. S. Benedicto.	— 524. Notre-Dame de Lourdes (église et grotte).
— 438. Saint Eustache.	— 485. S. Ciro.	
— 439. — Polycarpe.	— 486. Maria S. S. di Montenero.	— 525. Nª Sª de Begoña.
— 440. — Timothée.	— 487. Sainte Marie.	— 526. The apparition at the chapel of Knoch.

CETTE COLLECTION SE CONTINUE

46 (1) SAINTETÉS EN BUSTE

Papier 1/4 colombier...... 46-31 centimètres. (Prix en noir .... 0 fr. 15
Sujet .... 28-22 — { — couleur .... 0 — 25

N° 1. Saint Augustin.	N° 22. Saint Albert de Sicile.	N° 44. Sainte Barbe.
— 2. — Antoine, ermite.	— 23. — Michel, archange.	— 45. — Catherine.
— 3. — André.	— 24. — Nicolas.	— 46. — Cécile.
— 4. — Antoine de Padoue.	— 25. — Pierre.	— 47. — Claire.
— 5. Patriarche Saint Joseph (buste).	— 26. — Roch.	— 48. — Eulalie.
— 6. Saint Charles, roi.	— 27. — Dominique.	— 51. — Eugénie.
— 7. — Etienne.	— 28. — Stanislas de Kostka.	— 52. — Françoise.
— 8. — François de Sales.	— 30. — Thomas de Villeneuve.	— 54. — Geneviève.
— 9. — François d'Assise.	— 31. — Vincent du Paul.	— 55. — Hélène.
— 10. — François Xavier.	— 32. Mater Dolorosa.	— 56. — Isabelle.
— 11. — François de Paule.	— 33. Ecce Homo.	— 57. — Jeanne.
— 12. — François de Sales.	— 34. Saint Jean. } Évangélistes.	— 59. — Julie.
— 13. Sacré Cœur de Jésus (buste).	— 35. — Mathieu.	— 61. — Lucie.
— 14. Saint Cœur de Marie —	— 36. — Marc,	— 62. — Louise.
— 15. — Ignace de Loyola.	— 37. — Luc.	— 64. — Marie.
— 16. — Benoît Labre.	— 38. Sainte Anne.	— 66. — Madeleine.
— 17. — Joseph.	— 39. — Adélaïde.	— 67. — Marguerite.
— 18. — Louis.	— 40. Saint Vincent de Paul.	— 68. — Philomène.
— 19. — Louis de Gonzague.	— 41. Sainte Adèle.	— 70. — Pauline.
— 20. — Laurent.	— 43. — Agathe.	— 73. — Rose de Lima.
— 21. La Vierge au Raisin.		

ESTAMPES RELIGIEUSES

- Nº 74. Sainte Sophie.
- — 75. Saint Scolastique.
- — 77. Sainte Thérèse.
- — 78. — Véronique.
- — 81. L'Ange Gardien.
- — 83. Le Bon Pasteur.
- — 84. Notre-Dame de Bon-Conseil.
- — 85. Notre-Dame de Bon-Secours.
- — 86. Sacré Cœur de Jésus.
- — 87. Très-saint Cœur de Marie.
- — 88. Sainte Élisabeth.
- — 89. Notre-Dame des Sept-Douleurs.
- — 90. Ecce Homo.
- — 91. Portrait de Jésus de Nazareth.
- — 95. Mater Dolorosa.
- — 97. Notre Saint-Père le Pape Léon XIII.
- — 98. Nª Sª de la Piedad.
- — 99. Le petit Saint Jean.
- — 100. Le Sauveur du Monde.
- — 101. Sainte Virginie.
- — 102. Notre-Dame du Mont-Carmel.
- — 103. Sainte Face.
- — 105. La Vierge à la Chaise.
- — 106. La Vierge au Raisin.
- — 107. Notre-Dame de la Merci.
- — 108. Notre-Dame de la Piété.
- — 109. Notre-Dame de la Pureté.

- Nº 110. Notre-Dame du Mont-Carmel.
- — 111. Notre-Dame du Rosaire.
- — 112. Ceci est mon Corps, ceci est mon Sang.
- — 113. Notre-Dame des Douleurs.
- — 114. Saint Antoine de Padoue.
- — 115. Le patriarche saint Joseph.
- — 116. Notre-Dame des Grâces.
- — 117. Notre Saint-Père le Pape Pie IX.
- — 118. Véritable portrait de N.-S. Jésus-Christ.
- — 119. Véritable portrait de la T. S. Vierge.
- — 120. Verdadero retrato de N.-S. J.-C.
- — 121. Verdadero retrato de la S. V. Maria.
- — 122. Le patriarche saint Joseph (d'après Murillo).
- — 124. Saint Patrick.
- — 125. True portrait of Our Lord Jesus-Christ.
- — 126. True portrait of the Blessed Virgin Mary.
- — 127. Sacré Cœur de Jésus (avec fond).
- — 128. Sacré Cœur de Marie. —
- — 129. Nª Sª de Belen.
- — 130. Saint François d'Assise.
- — 131. San Ramon Nonato.

- Nº 132. Ecce Homo (avec fond).
- — 133. La Vierge à la Chaise.
- — 134. Saint Janvier, patron de la ville de Naples.
- — 135. Sacré Cœur de Jésus (avec la Cène).
- — 136. T. S. Cœur de Marie (avec Noces de Cana).
- — 137. Nª Sª do Bom Conselho.
- — 138. Marie, Reine de tous les Saints.
- — 140. Le doux nom de Marie.
- — 141. Obraz N. P. Margy Czestochowskiey.
- — 142. N. P. Marya Ostrobramska.
- — 144. Saint Antoine, ermite (avec fond).
- — 145. Divine Bergère.
- — 146. Saint Alphonse de Liguori.
- — 147. Nª Sª de la Soledad.
- — 148. Saint Paul.
- — 149. Notre-Dame du Rosaire.
- — 150. El Gran Poder de Dios (Ecce Homo).
- — 151. Nª Sª de los Dolores (Mater Dolorosa).
- — 152. Anima Sola.
- — 153. Nª Sª Madre y Srª del Carmen.
- — 154. Notre-Dame du Perpétuel-Secours.
- — 155. Santa Rita de Casia.
- — 156. San Prisco.

CETTE COLLECTION SE CONTINUE

---

47 IMPRESSIONS EN COULEURS
SUJETS TIRÉS DES COLLECTIONS 45, 46, 48 ET 50

Le cent . . . . 25 francs
Pour une commande de 1,000 . . . . . 120 francs net le 1000.

- Nº 4. Saint Antoine de Padoue (buste).
- — 5. Patriarche Saint Joseph (buste).
- — 13. Sacré Cœur de Jésus (buste).
- — 14. Saint Cœur de Marie (buste).
- — 154. Notre-Dame du Perpétuel Secours, fond or (buste).
- — 155. Santa Rita de Casia (buste).
- — 8. Notre-Dame du Mont-Carmel (pied).
- — 9. Notre-Dame du Scapulaire (pied).
- — 86. Sainte Anne (pied).
- — 136. Saint Antoine de Padoue (pied).
- — 165. Saint Jérôme.
- — 254. Nuestra Señora de Chiquinquira (pied).
- — 263. Nuestra Señora de las Mercedes (pied).
- — N.-D. du Mont-Carmel (avec des âmes du Purgatoire) (pied).
- — 293. Nª Sª de los Desamparados (pied).
- — 321. Sº Cayetano (pied).
- — 485. Sº Ciro (pied).
- — N.-D. de Lourdes avec Bernadette (Apparition) (pied).
- — 513. Nª Sª del Socorro (pied).

- Nº 4. La Fuite en Egypte (pied) (4 fois).
- — 10. Saint Gaëtan (pied) (4 fois).
- — 12. Saint Antoine de Padoue (pied) (4 fois).
- — 65. Saint Antoine de Padoue (buste) (4 fois).
- — 69. Saint Jérôme, avec l'ange tenant la trompette (pied) (4 fois).
- — 30. Le Jugement dernier (travers).
- — 31. Le Purgatoire —
- — 32. Le Ciel —
- — 33. L'Enfer —
- — 34. Mort du Juste —
- — 35. Mort du Pécheur —
- — Nª Sª de Andacollo (Chili) (pied).
- — Nª Sª de Audacollo (Chili) (4 fois).
- — La Vergine SS. del Rosario di Pompei (4 fois).
- — La Vergine SS. del Rosario di Pompei (pied).
- — Nª Sª del Carmen del Chili (pied).
- — Nª Sª del Carmen del Chili (4 fois).

---

48 SAINTETÉS EN TRAVERS

Papier 1/4 colombier . . . . 31-46 centimètres. { Prix en noir . . . . 0 fr. 15
Sujet . . . . 20-29 — { — en couleur . . . . 0 — 25

- Nº 1. La Cène.
- — 2. Les Noces de Cana.
- — 3. Jésus chassant les marchands du Temple.
- — 4. Jésus guérissant les malades.
- — 5. La résurrection de Lazare.
- — 6. Jésus chez Marthe et Marie.
- — 7. Jésus bénissant les enfants.
- — 8. La Pêche miraculeuse.
- — 9. Jésus chez Simon le Pharisien.
- — 10. Les aveugles de Jéricho.
- — 11. L'entrée à Jérusalem.
- — 12. La Femme adultère.
- — 13. Jésus lave les pieds à ses apôtres.

- Nº 14. La Visitation.
- — 15. Jésus au Jardin des Oliviers.
- — 16. La Multiplication des pains.
- — 17. La Via Crucis.
- — 18. Adoration des Mages.
- — 19. Adoration des Bergers.
- — 20. Joseph vendu par ses frères.
- — 21. Job sur son fumier.
- — 22. Samson trahi par Dalila.
- — 23. Daniel dans la fosse aux lions.
- — 24. Tobie rend la vue à son père.
- — 25. Isaac bénit Jacob.
- — 26. Jugement de Salomon.
- — 27. Passage de la mer Rouge.

- Nº 28. Chasteté de Suzanne.
- — 29. Le Jugement de Jésus-Christ. (Le texte de cette planche existe en français, en anglais, en italien, en espagnol et en portugais.)
- — 30. Le Jugement dernier.
- — 31. Le Purgatoire.
- — 32. Le Ciel.
- — 33. L'Enfer.
- — 34. Mort du Juste.
- — 35. Mort du Pécheur.
- — 36. Moïse fait sortir l'eau du rocher.
- — 37. Judith et Holopherne.
- — 38. Eliézer et Rébecca.

ESTAMPES RELIGIEUSES — PAGE 33

SAINTETÉS DEUX A LA FEUILLE

49 (1)

Papier 1/4 colombier....... 31-46 centimètres.	Prix en noir........... 0 fr. 15
Sujet............ 16-14	— couleur.......... 0 — 25

- Nº 1. Vierge à la Chaise. — Vierge au Raisin. (En buste.)
- — 2. Le bon Pasteur. — Ceci est mon corps. —
- — 3. Saint François de Sales. — Saint Vincent de Paul. —
- — 4. Sainte Vierge. — Sainte Marie. —
- — 5. La Cène. — Les Noces de Cana. (En travers.)
- — 6. Jésus meurt sur la Croix (2 fois). (En pied.)
- — 7. Sainte Thérèse (2 fois). —
- — 8. Sainte Cécile (2 fois). —
- — 9. El Santo Niño de Atocha (2 fois). —
- — 10. Saint Pierre. — Saint Paul. —
- — 11. Sainte Anne (2 fois). (En buste.)
- — 12. Saint François Xavier. — Saint Ignace. (En pied.)
- — 13. Sainte Barbe (2 fois). —
- — 14. L'Assomption (2 fois). —
- — 15. Nª Sª de los Desamparados. — Notre-Dame du Pilier. —
- — 16. Sainte Madeleine (2 fois). —
- — 17. L'Annonciation. — Sainte Marie. —
- — 18. L'Ange Gardien (2 fois). —
- — 19. Sacré Cœur de Jésus (2 fois). (En buste.)
- — 20. Saint Cœur de Marie (2 fois). —
- — 21. Notre-Dame du Rosaire (2 fois). (En pied.)
- — 22. Sainte Elisabeth. — Sainte Lucie. —
- — 23. Saint Ramon Nonato (2 fois). —
- — 24. Sainte Rose de Lima (2 fois). —
- — 25. Le Petit Saint Jean. — Le Sauveur du monde. (En buste.)
- — 26. Sainte Marguerite (2 fois). (En pied.)
- — 27. Médaille Miraculeuse (2 fois). —
- — 28. Sainte Philomène (2 fois). (Pied et buste.)
- — 29. Nª Sª de la Piedad. —
- — 30. La Très Sainte Trinité (3 figures) (2 fois). (En pied.)
- — 31. L'Immaculée Conception (2 fois). —
- — 32. Jésus, Marie, Joseph (2 fois). —
- — 33. La Fuite en Égypte (2 fois). —
- — 34. Le retour d'Égypte (2 fois). —
- — 35. Saint Roch. — Saint Dominique. —
- — 36. Immaculée Conception (2 fois). —
- — 37. Notre-Dame de la Merci. — Notre-Dame du Pilier. —
- — 38. Saint Vincent Ferrère. — Saint Gaëtan. —
- — 39. La Mère des Douleurs. — Le Sommeil de l'Enfant Jésus. —
- — 40. Saint Ramon Nonato. — Saint Antoine de Padoue. —
- — 41. L'Annonciation (2 fois). —
- — 42. Le Christ aux Anges. — La Reine des Anges. —
- — 43. Saint Augustin. — Saint Charles Borromée. —
- — 44. V. P. de Notre Seigneur Jésus-Christ. — V. P. de la Très-Sainte-Vierge. (En buste.)
- — 45. Occupation de la Sainte Famille. — Repos en Égypte. (En pied.)
- — 46. La fuite en Égypte. — Le retour d'Égypte. —
- — 47. N. D. du Rosaire d'Antequera (2 fois). —
- — 48. Saint Manuel (2 fois). —
- — 49. Mano Potenta (2 fois). —
- — 50. Ascension (2 fois). —
- — 51. Sainte Catherine de Sienne (2 fois). —
- — 52. Miraculeuse image de la très-sainte Annonciation de Florence (2 fois). (En travers.)
- — 53. L'Ange Raphaël (2 fois). —
- — 54. La Très-Sainte Trinité (2 figures) (2 fois). —
- — 55. Notre-Dame du Perpétuel Secours (2 fois). (En buste.)
- — 56. La Descente de Croix. — La Sainte Trinité. (En pied.)
- — 57. Sainte Philomène en châsse (2 fois). (En travers.)
- — 58. Jésus de Nazareth. — La Divine Bergère. —
- — 59. La Sainte Face. — Nª Sª de las Angustias. —
- — 60. Saint François d'Assise (2 fois). —
- — 61. Saint Joachim (2 fois). —
- — 62. Nª Sª de Guadalupe de Mejico (2 fois). —
- — 63. L'enfant Jésus prêchant dans le Temple. — Notre-Dame des Sept-Douleurs. —
- — 64. Le Christ de Salamed. — Notre-Dame de Valvanera. —
- — 65. Notre-Dame de Asile. — Miraculeuse image de Notre-Dame d'Assistance. —
- — 66. V. P. de Notre-Dame du Rosaire. — V. P. de Notre-Dame de Grâce. —
- — 67. Le Patriarche Saint Joseph (2 fois). (En buste.)

- Nº 69. Notre-Dame du Refuge. (En pied.)
- — 70. Saint François Xavier mourant et Saint François Xavier. (Buste.)
- — 71. Ecce Homo. — Mater Dolorosa. —
- — 72. Immaculée Conception (2 fois). (En pied.)
- — 73. Saint Joseph (2 fois). —
- — 74. Saint Roch (2 fois). —
- — 75. Saint François de Paule (2 fois). —
- — 76. Sainte Catherine (2 fois). —
- — 77. Sainte Lucie (2 fois). —
- — 78. Sainte Véronique. — Sainte Hélène. —
- — 79. Saint Jérôme. — Saint Jean-Baptiste. —
- — 80. Notre-Dame du Mont-Carmel — Le Calvaire (Christ en Croix). —
- — 81. Saint Jean de la Croix. — Saint Jean de Dieu. —
- — 82. Notre-Dame de la Merci. — Notre-Dame du Rosaire. (En buste.)
- — 83. Saint Antoine de Padoue (2 fois). —
- — 84. L'Archange Saint Michel (2 fois). (En pied.)
- — 85. Sainte Françoise. — Sainte Madeleine. —
- — 86. Saint Antoine de Padoue (2 fois). —
- — 87. Notre-Dame du Mont-Carmel (2 fois). (En buste.)
- — 88. Notre-Dame de la Merci (2 fois). (En pied.)
- — 89. Sainte Véronique de Juliani (2 fois). (En pied.)
- — 90. Notre-Dame du Mont-Carmel (2 fois). (En pied.)
- — 91. La Mère des Douleurs (2 fois). —
- — 92. Saint Dominique. — Saint Thomas d'Aquin. —
- — 93. Marie, reine de tous les Saints (2 fois). —
- — 94. Saint Jean-Baptiste (2 fois). —
- — 95. Glorioso Martyr San Sebastião (2 fois). —
- — 96. Sainte Anne (2 fois). —
- — 97. Imagen de Nossa Senhora de Luz (2 fois). —
- — 98. Nª Sª da Conceição Apparecida (2 fois). —
- — 99. Oração à Nª Sª da Conceição Apparecida. — A Estrella do Céo. —
- — 100. Sº Publio, Martyr, Evêque de Malte (2 fois). —
- — 101. Notre-Dame de la Salette (2 fois). —
- — 102. Notre-Dame du Bon Conseil (2 fois). (En buste.)
- — 103. Saint Janvier (2 fois). —
- — 104. Sainte Marie-Françoise des cinq plaies (2 fois). (En pied.)
- — 105. Saint Michel (avec balance) (2 fois). —
- — 106. Nª Sª de los Desamparados. — Sª Virgen de Regla. —
- — 107. Nª Sª de la Caridad del Cobre. — Nª Sª de las Mercedes. —
- — 108. San Antonio del Monte (2 fois). —
- — 109. Notre-Dame de Lourdes (Apparition) (2 fois). —
- — 110. Saint Jérôme avec l'Ange tenant la trompette (2 fois). —
- — 111. Nuestra Señora de las Mercedes (2 fois). —
- — 112. Saint Gaëtan (2 fois). —
- — 113. N.-D. du Mont-Carmel, avec les âmes du Purgatoire (2 fois). —
- — 114. Nª Sª da Copacabana (2 fois). —
- — 115. Santa Rita de Casia (2 fois). —
- — 116. Saint Jacques, à cheval (2 fois). —
- — 117. Manifestation du Sacré-Cœur (2 fois). —
- — 118. Saint-Étienne. — Saint Laurent. —
- — 119. Saint Martin. — Saint Maurice. —
- — 120. La Sª Virgen de Ysmael (2 fois). —
- — 121. Notre-Dame du Sacré-Cœur (2 fois). —
- — 122. Saint Joseph du Sacré-Cœur (2 fois). —
- — 123. Saint Louis de Gonzague (2 fois). (En buste.)
- — 124. Notre-Dame de Lourdes (la Vierge seule) (2 fois). (En pied.)
- — 125. Saint Joseph mourant (2 fois). (En travers.)
- — 126. Notre-Dame de Lourdes. — Église et grotte (2 fois). (En pied.)
- — 127. Senhor Jesus do Bom fim (2 fois). —
- — 128. Saint Louis de Gonzague. — Saint Stanislas. —
- — 129. Nª Sª do Parto (2 fois). —
- — 130. Nª Sª de Yucatan (2 fois). —
- — 131. Ecce Homo (2 fois). (En buste.)
- — 132. Mater Dolorosa (2 fois). —
- — 133. Que le Saint Nom de Jésus soit béni (Noël) (2 fois). (En pied.)
- — 134. Saint Jean-Baptiste. — Jésus enfant. —
- — 135. Adoration des bergers. — Adoration des Rois. —

CETTE COLLECTION SE CONTINUE

SAINTETÉS QUATRE A LA FEUILLE

50 (1)

Papier 1/4 colombier...... 46-31 centimètres	Prix en noir............	0 fr. 15
Sujet............... 14-10 —	— couleur............	0 — 25

- N° 1. La Fuite en Egypte (4 fois). (En pied.)
- — 2. Notre-Dame du Sacré-Cœur (4 fois). —
- — 3. Saint Joseph du Sacré-Cœur (4 fois). —
- — 4. Sacré Cœur de Jésus (4 fois). (En buste.)
- — 5. Saint Cœur de Marie (4 fois). —
- — 6. N. D. del Rosario de Chiquinquira (4 fois). (En pied.)
- — 7. Manifestation du Sacré-Cœur (4 fois). —
- — 8. Nª Sª de las Mercedes (4 fois). —
- — 9. Nossa Senhora da Copacabana (4 fois). —
- — 10. Saint Gaëtan (4 fois). —
- — 11. Santa Rita de Casia (4 fois). —
- — 12. Saint Antoine de Padoue (4 fois). —
- — 13. Immaculée Conception (4 fois). —
- — 14. San Ramon Nonato (4 fois). —
- — 15. Le Calvaire (Christ en croix) (4 fois). —
- — 16. Saint Joseph (4 fois). —
- — 17. Saint Michel Archange, avec balance (4 fois). (En buste.)
- — 18. Saint Paul (4 fois). (En pied.)
- — 19. Sainte Marguerite (4 fois). —
- — 20. Ecce Homo (4 fois). (En buste.)
- — 21. Sainte Barbe (4 fois). —
- — 22. Saint Gaëtan (4 fois). —
- — 23. Notre-Dame du Rosaire (4 fois). —
- — 24. Saint Raphaël, Archange (4 fois). (En pied.)
- — 25. Notre-Dame du Pilier (4 fois). —
- — 26. Saint François de Paule (4 fois). —
- — 27. Notre-Dame de la Merci (4 fois). (En buste.)
- — 28. Saint Vincent Ferrier (4 fois). —
- — 29. Saint Joseph. (Murillo.) (4 fois). —
- — 30. Sainte Thérèse (4 fois). En pied.)
- — 31. Saint Pierre (4 fois). —
- — 32. Sainte Anne (4 fois). —
- — 33. L'Annonciation (4 fois). —
- — 34. Saint Michel, Archange (4 fois). —
- — 35. Sainte Philomène. (En buste.)
- — 36. La Sainte Famille (4 fois). (En pied.)
- — 37. La Sainte Trinité. — 3 figures (4 fois). —
- — 38. Mir. image de la T. S. Annonciation de Florence(4 f.).(En travers.)
- — 39. El Santo Niño de Atocha (4 fois). (En pied.)
- — 40. Le Christ aux Anges. — Jésus meurt sur la Croix. — Jésus Rédempteur. — Le Calvaire (Quatre Christs en Croix). (En pied.)
- — 41. La Vierge au Raisin. — Notre-Dame des Douleurs. — La Vierge à la Chaise. — Sainte Marie, Mère de Dieu. (En buste.)
- — 42. Saint Luc. — Saint Marc. — Saint Mathieu. — Saint Jean (Evangélistes.) (En pied.)
- — 43. Saint Roch (4 fois). —
- — 44. Le Calvaire. — Le Couronnement de la Sainte Vierge. — Jésus attaché à la colonne. — Jésus de Nazareth. —
- — 45. Saint Henri. — Saint Ferdinand. — Saint Christophe. — Saint Manuel. (En pied.)
- — 46. Sainte Lucie (4 fois). —
- — 47. Notre-Dame du Mont-Carmel (4 fois). —
- — 48. Sainte Catherine (4 fois). —
- — 49. Saint François-Xavier. —
- — 50. N. S. del Buen Parto (4 fois). —

- N° 51. Véritable portrait de N.-S. J.-C. (2 fois). (En buste.) Véritable portrait de la Très-Sainte Vierge (2 fois). —
- — 52. Sainte Anne (4 fois). —
- — 53. Sainte Véronique de Juliani (4 fois). —
- — 54. Marie, Reine de tous les Saints (4 fois). —
- — 55. S. Sebastião (4 fois). (En pied.)
- — 56. Saint Jacques (à cheval) (4 fois). —
- — 57. Saint Louis de Gonzague (4 fois). (En buste.)
- — 58. Le Sauveur du Monde (4 fois). —
- — 59. Notre-Dame du Mont-Carmel avec âmes (4 fois). (En pied.)
- — 60. Mater Dolorosa (4 fois). (En buste.)
- — 61. Nª Sª de la Soledad (4 fois). —
- — 62. Saint Louis de Gonzague (4 fois). (En buste.)
- — 63. Div. Avvocata Nostra(2 fois).—Bª Sª Mª Francesca(2 f.).(En buste.)
- — 64. Notre-Dame de la Salette (4 fois). (En pied.)
- — 65. Saint Antoine de Padoue (4 fois). (En buste.)
- — 66. Saint Joseph (4 fois). —
- — 67. Nª Sª de los Desamparados (4 fois). —
- — 68. Le Petit Saint Jean (4 fois). (En buste.)
- — 69. St Jérôme (avec l'Ange tenant la trompette) (4 fois). (En pied.)
- — 70. Notre-Dame de Lourdes (Apparition) (4 fois). —
- — 71. Nª Sª da Penna (4 fois). —
- — 72. Notre-Dame du Bon-Conseil (4 fois). (En buste.)
- — 73. Notre-Dame du Perpétuel Secours (4 fois). —
- — 74. Notre-Dame des Sept-Douleurs (4 fois). (En pied.)
- — 75. Notre-Dame du Rosaire (4 fois). —
- — 76. Notre-Dame de la Chandeleur (4 fois). —
- — 77. Sanctus Paulus (4 fois). —
- — 78. Notre-Dame de Lourdes, église et grotte (4 fois). —
- — 79. St Joachim tenant la Sainte Vierge par la main (4 fois). —
- — 80. Que le Saint Nom de Jésus soit béni (Enfant Jésus, Noël) (4 fois). —
- — 81. Saint Jean-Baptiste (4 fois). —
- — 82. Sainte Rose de Lima (4 fois). —
- — 83. Immaculée Conception (Vierge de Rome) (4 fois). —
- — 84. Le retour d'Egypte (4 fois). —
- — 85. Le repos en Egypte (4 fois). —
- — 86. L'Ange Gardien (4 fois). —
- — 87. Nª Sª de las Mercedes (4 fois). —
- — 88. Nª Sª de la Caridad del Cobre (4 fois). —
- — 89. Sma Virgen de Regia (4 fois). —
- — 90. Saint François d'Assise (4 fois). —
- — 91. Nª Sª de Guadalupe de Méjico (4 fois). —
- — 92. La Très-Sainte Trinité (2 figures) (4 fois). —
- — 93. Saint Janvier (4 fois). —
- — 94. Saint Gabriel Archange (4 fois). —
- — 95. N. D. du Mont-Carmel (4 fois). (En buste.)
- — 96. Saint Manuel (4 fois). (En pied.)
- — 97. S. C. de Jésus (4 fois). (En buste.)
- — 98. S. C. de Marie (4 fois). —
- — 99. Sainte Madeleine (4 fois). —
- — 99 bis. Sainte Madeleine (4 fois). (En pied.)
- — 100. Sainte Hélène (4 fois). —
- — 101. Sainte Catherine de Sienne (4 fois). —

CETTE COLLECTION SE CONTINUE

GRANDES ÉTUDES

SUJETS RELIGIEUX

Dessinés et lithographiés par E. LASSALLE, BARRY, Joseph DUCOLLET, etc.

N° 1. LA VIERGE A LA CHAISE.
— 2. LA VIERGE AUX CANDÉLABRES.
— 3. PURIFICATION DE LA VIERGE.
— 4. L'ASSOMPTION DE LA SAINTE VIERGE.
— 5. MATER DOLOROSA.
— 6. ECCE HOMO.
— 7. LE SOMMEIL DE L'ENFANT JÉSUS.
— 8. SAINTE MARIE.
— 9. LÉON XIII.
— 10. JÉSUS RÉDEMPTEUR DU MONDE.
— 11. NOTRE-DAME DU ROSAIRE.
— 12. NOTRE-DAME DU MONT CARMEL.
— 13. LES SAINTS INNOCENTS.
— 14. IMMACULÉE CONCEPTION (franciscaine).
— 15. LA SAINTE TRINITÉ (en trois personnes).
— 16. LE SACRÉ CŒUR DE JÉSUS.
— 17. LE SAINT CŒUR DE MARIE.
— 18. SAINT AUGUSTIN.
— 19. LA FUITE EN ÉGYPTE.
— 20. SAINT CHARLES BORROMÉE.
— 21. SAINT JEAN, ÉVANGÉLISTE.
— 22. LE PATRIARCHE SAINT JOSEPH.
— 23. SAINT ANTOINE DE PADOUE.
— 24. LA VIERGE AU RAISIN.
— 25. L'IMMACULÉE CONCEPTION.
— 26. SAINTE ANNE.
— 27. MATER AMABILIS.
— 28. DESCENTE DE CROIX.
— 29. SAINTE CATHERINE, martyre.
— 30. NOTRE-DAME DE TOUTES-GRACES.
— 31. JÉSUS, MARIE, JOSEPH (en pied).
— 33. SAINT VINCENT DE PAUL.
— 34. SAINT FRANÇOIS DE PAULE.
— 35. SAINT LOUIS DE GONZAGUE.
— 36. SAINT JACQUES A CHEVAL.
— 37. MARIE CONÇUE SANS PÉCHÉ.
— 38. NOTRE-DAME DE LA PIÉTÉ.
— 39. SAINTE ROSE DE LIMA.
— 40. SAINTE CATHERINE DE SIENNE.

N° 41. SAINTE THÉRÈSE.
— 42. SAN RAMON NONATO.
— 43. SAINT STANISLAS DE KOSTKA.
— 44. N.-D. DU ROSAIRE AVEC SAINT DOMINIQUE.
— 45. SAINT FRANÇOIS D'ASSISE.
— 46. ECCE HOMO (buste).
— 47. MATER DOLOROSA. —
— 48. SAINT MICHEL, archange.
— 49. JÉSUS DE NAZARETH.
— 50. NOTRE-DAME DES SEPT-DOULEURS (buste).
— 51. LE PETIT SAUVEUR DU MONDE (buste).
— 52. LE PETIT SAINT JEAN (buste).
— 53. SAINT FRANÇOIS XAVIER.
— 54. SAINTE MADELEINE.
— 55. VIERGE DU SACRÉ-CŒUR.
— 56. ANGE GARDIEN.
— 57. SAINT FRANÇOIS-XAVIER.
— 58. SAINT FRANÇOIS D'ASSISE (vision des plaies).
— 59. LE MARIAGE DE LA SAINTE VIERGE.
— 60. NOEL! NOEL!
— 61. SANTA RITA DE CASIA.
— 62. SAINT IGNACE DE LOYOLA.
— 63. NOTRE-DAME DU MONT CARMEL (âmes du Purgatoire).
— 64. ENFANCE DOULOUREUSE DE JÉSUS.
— 65. ENFANCE DOULOUREUSE DE MARIE.
— 66. AGONIE DE JÉSUS.
— 67. ÉVANOUISSEMENT DE LA VIERGE.
— 68. PENSÉE DE LA MISSION DIVINE.
— 69. RÊVE DU CALVAIRE.
— 70. L'ANGE GARDIEN.
— 71. NOTRE-DAME DES SEPT-DOULEURS (en pied).
— 72. JÉSUS FLAGELLÉ.
— 73. LA SAINTE TRINITÉ (2 figures).
— 74. MARIE PLEINE DE GRACE.
— 75. JÉSUS, MARIE, JOSEPH.

N° 76. L'ANGE RAPHAEL.
— 77. JÉSUS PRIANT POUR SES BOURREAUX.
— 78. SAINT PIERRE.
— 79. SAINT PAUL.
— 80. LE BAPTÊME DE N.-S. JÉSUS-CHRIST.
— 81. L'ANNONCIATION.
— 84. NUESTRA SENORA DE LAS MERCEDES
— 85. NOTRE SAINT PÈRE LE PAPE.
— 86. COURONNEMENT DE LA SAINTE VIERGE.
— 87. SAINT JEAN-BAPTISTE.
— 88. JÉSUS DE NAZARETH.
— 89. NOTRE-DAME DES DOULEURS.
— 90. JÉSUS INSTITUANT L'EUCHARISTIE.
— 91. SAINT LOUIS, ROI.
— 92. SAINT ROCH.
— 93. SAINT JOSEPH.
— 94. JÉSUS CRUCIFIÉ.
— 95. SAINT DOMINIQUE.
— 96. SAINT PATRICK.
— 97. NOTRE-DAME DU SACRÉ-CŒUR.
— 98. SAINT JOSEPH DU SACRÉ-CŒUR.
— 99. SAINT FRANÇOIS DE SALES.
— 100. SAINTE CÉCILE.
— 101. LE SAUVEUR DU MONDE.
— 102. LE PETIT SAINT JEAN.
— 103. SAINTE PHILOMÈNE.
— 104. NOTRE-DAME DE LOURDES (apparition).
— 105. SACRÉ-CŒUR DE JÉSUS.
— 106. TRÈS-SAINT CŒUR DE MARIE.
— 107. ADORATION DES ROIS.
— 108. ADORATION DES BERGERS.
— 109. MANIFESTATION DU SACRÉ-CŒUR.
— 110. LA MÈRE DE L'AMOUR DIVIN.
— 111. SAINT JOSEPH GARDIEN DE L'ENFANT JÉSUS.
— 112. SAINTE MARGUERITE.
— 113. SAN JOSE DE CALASANZ (fondador de las escuelas pias).

PRIX ET FABRICATIONS DIVERSES DE LA COLLECTION DES GRANDES ÉTUDES

FORMAT RAISIN JULIEN 68/54

Hauteur . . 68 cent.
Largeur . . 54 —
- sujet noir, fond teinte. . . . . 3 francs.
- — rehaut . . . . 4 —
- couleur, fond ciel . . . . 10 —
- — noir . . . . 10 —
- — ciel monté sur châssis et verni . . . . 20 —

Hauteur . . 68 cent.
Largeur . . 54 —
- en médaillons, fond ciel, filet or et entourage noir . . . . . 10 —
- L'ovale mesure 54/46.

Les mêmes sujets de la collection sont imprimés sur papier grand colombier et appelés alors GRANDS GROUPES

Grand colombier
Hauteur. 90 cent. Largeur. 63 cent.
- sujet noir, fond teinte, marges blanches . . . . . . 4 francs.
- — rehaut . . . . 6 —
- — couleur, fond ciel . . . . 12 —

Sujet
Hauteur. 69 cent. Largeur. 54 cent.
- — noir . . . . 12 —
- — avec toutes marges, fond ciel . . . . 14 —

189

PETITES ÉTUDES

SUJETS RELIGIEUX

Tous ces Sujets sont absolument les réductions des GRANDES ÉTUDES

- Nº 1. Immaculée Conception.
- — 2. Jésus Rédempteur.
- — 3. Mater Dolorosa.
- — 4. Ecce Homo.
- — 5. Saint Antoine de Padoue.
- — 6. Le Patriarche saint Joseph.
- — 7. Mater Amabilis.
- — 8. La Vierge a la Chaise.
- — 9. Saint Louis de Gonzague.
- — 10. Saint Stanislas de Kostka.
- — 11. Marie conçue sans péché.
- — 12. Nª Sª de la Piedad.
- — 13. Sacré Cœur de Jésus.
- — 14. Saint Cœur de Marie.
- — 15. La Purification de la Sainte Vierge.
- — 16. Marie a la recherche de Jésus.
- — 17. Jésus, Marie, Joseph.
- — 18. Le Baptême de Notre Seigneur Jésus-Christ.

- Nº 19. Vierge au Raisin.
- — 20. Notre Dame du Mont-Carmel (avec les âmes).
- — 21. Santa Rita de Casia.
- — 22. N. S.-P. le Pape Pie IX.
- — 23. Nª Sª de las Mercedes.
- — 24. Sainte Anne.
- — 25. Sainte Térèse.
- — 26. La Fuite en Égypte.
- — 27. Le Couronnement de la Sainte Vierge.
- — 28. Saint Pierre.
- — 29. Saint Paul.
- — 30. Notre-Dame du Rosaire avec St-Dominique.
- — 31. San Ramon Nonato.
- — 32. Saint Michel.
- — 33. Le Rêve du Calvaire.
- — 34. Pensée de la Mission divine.

- Nº 35. L'Ange Gardien.
- — 36. L'Ange Raphael.
- — 37. Saint Joseph.
- — 38. Notre-Dame de Lourdes (Apparition).
- — 39. Saint François d'Assise.
- — 40. Le Sauveur du Monde.
- — 41. Le Petit Saint Jean.
- — 42. Jésus crucifié.
- — 43. Sacré Cœur de Jésus.
- — 44. Très-Saint Cœur de Marie.
- — 45. Manifestation du Sacré-Cœur.
- — 46. Notre-Dame du Sacré-Cœur.
- — 47. Saint Joseph du Sacré-Cœur.
- — 48. Sainte Madeleine.
- — 49. N. S.-P. le Pape Léon XIII.
- — 50. Saint François d'Assise (Vision des plaies).
- — 51. Noël (Enfant Jésus sur paille).

PRIX ET FABRICATIONS DIVERSES DE LA COLLECTION DES PETITES ÉTUDES

FORMAT 1/2 JÉSUS 52/36

Hauteur... 50 cent.
Largeur... 35 —

- sujet noir, fond teinté .... 1 fr. 50
- — rehaut — .... 2 —
- — couleur, fond ciel .... 5 —
- — — noir .... 5 —
- — — ciel monté sur châssis et verni .... 10 —

Hauteur... 57 cent.
Largeur... 40 —

- en médaillon, filet or, sujet couleur, entourage noir .... 5 —
- L'ovale mesure 44/34.

Les mêmes sujets de la collection sont imprimés sur 1/2 grand colombier 63/45 et dits avec marges PETITS GROUPES

Hauteur... 49 cent.
Largeur... 36 —

- sujet noir, fond teinté, marges blanches .... 2 francs.
- — rehaut — .... 3 —
- — couleur, fond ciel .... 6 —
- — — noir .... 6 —

190

SUJETS DE LA VIE DE N.-S. JÉSUS-CHRIST

Sujets lithographiés avec soin, en travers sans marges.

- Nº 1. La Cène.
- — 2. Les Noces de Cana.
- — 3. Jésus bénit les enfants.

- Nº 4. Entrée de Jésus a Jérusalem.
- — 5. Jésus lave les pieds a ses Apotres.
- — 6. Madeleine aux pieds de Jésus.

FORMAT RAISIN JULIEN 68/54.

- Sujet noir, fond teinté .... 3 francs.
- — rehaut .... 4 —
- — couleur fond ciel .... 10 —
- — — noir .... 10 —

LES MÊMES SUR GRAND-COLOMBIER 68/90
Le sujet Hauteur 66. — Largeur 53.

- Sujet noir, fond teinté, marges blanches .... 4 francs.
- — rehaut .... 6 —
- — couleur fond noir ou fond ciel .... 12 —
- — toutes marges fond ciel .... 14 —

191 SUJETS RELIGIEUX EN HAUTEUR, FILET OR OVALE
(3)

Lithographiés d'après les dessins de nos meilleurs artistes.

N° 1. Sacré Cœur de Jésus.	N° 4. Mater Dolorosa.	N° 7. Sainte Anne.
— 2. Très Saint Cœur de Marie.	— 5. Notre-Dame du Sacré-Cœur.	— 8. Christ en croix.
— 3. Ecce Homo.	— 6. Saint Joseph du Sacré-Cœur.	— 9. Immaculée Conception.

FORMAT JÉSUS 55/72

GRANDEUR DE L'OVALE
Hauteur . . . . 58 cent. { Sujet noir fond teinte et filet or . . . . 2 fr. 50
Largeur . . . . 47 — { — rehaut — . . . . 4 — 50
{ — couleur fond ciel — entourage noir . . . . 10 — »

192 MUSÉE CHRÉTIEN
(3)

EN HAUTEUR, FILET OR OVALE

Collection de sujets religieux lithographiés par les meilleurs artistes

N° 1. La Vierge à la Chaise	Raphaël.	N° 17. Jésus, Marie, Joseph	Corn. de Bondt.
— 2. La Vierge aux Candélabres . . .	—	— 18. Adoration des Mages	Rubens.
— 3. Ecce Homo	Le Guide.	— 19. Adoration des Bergers	Le Guide.
— 4. Mater Dolorosa	Sasso-Ferrato.	— 20. Stabat Mater (Christ en croix) . . .	Lazerges.
— 5. La Vierge au Coussin vert . . .	Solari.	— 22. Maria Hilf (N.-D. de Bon-Secours).	
— 6. L'Ange gardien	Marchaux.	— 23. Le Disciple bien-aimé.	
— 7. Immaculée Conception	Murillo.	— 24. L'Enfant de Marie.	
— 8. Sacré Cœur de Jésus	J. Brémond.	— 25. Sainte Anne.	
— 9. Saint Cœur de Marie	—	— 26. La Vierge au Raisin.	
— 10. Saint Antoine de Padoue . . .	Philippoteaux.	— 27. Saint Louis de Gonzague.	
— 11. Le patriarche Saint Joseph . . .	Murillo.	— 28. Sainte Thérèse.	
— 12. Sainte Marie	Raphaël.	— 29. Sacré Cœur de Jésus.	
— 13. N.-D. du Mont-Carmel	J. Brémond.	— 30. Très-Saint Cœur de Marie.	
— 14. N.-D. du Rosaire	—	— 31. Immaculée Conception.	
— 15. Mater Redemptoris		— 32. Le Sauveur du Monde.	
— 16. La Très-Sainte Vierge	Le Brun.	— 33. Le petit Saint Jean.	

FORMAT 1/2 COLOMBIER 61/43

GRANDEUR DE L'OVALE
Hauteur . . . . 36 cent. { Sujet noir avec teinte et filet or . . . . 1 fr. 50
Largeur . . . . 28 — { — couleur . . . . 4 — »

Pour gélatiner, net 30 cent. par feuille.

192 bis MUSÉE CHRÉTIEN
(3)

EN HAUTEUR FORME CARRÉ NOUVELLE SÉRIE

N° 29. Sacré Cœur de Jésus.	N° 36. Agnus Dei (Christ en croix).
— 30. Très-Saint Cœur de Marie.	— 37. Saint Louis de Gonzague.
— 34. Ecce Homo.	— 38. Ange gardien.
— 35. Mater.	— 39. Enfant Jésus Pax hominibus bonæ voluntatis.

FORMAT 1/2 COLOMBIER 63/45

GRANDEUR DU SUJET
Hauteur . . . . 37 cent. { Sujet noir teinte . . . . 1 fr. 50
Largeur . . . . 29 — { — couleur teinte . . . . 4 — »

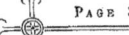 CANONS D'AUTEL EN CHROMOLITHOGRAPHIE

Les grandeurs indiquées sont celles du dessin qui se place au milieu de l'autel.

	IMPRESSIONS	PRIX en feuilles	PRIX cartonné
401. CANON D'AUTEL le Christ en Croix .... 1/2 gr. colombier. 63-45			
Ornements arabesques. Dessiné par Hauser .... Sujet 22-33	Chromo	1 50	3 »
402. CANON D'AUTEL l'Institution de l'Eucharistie ... Jésus 55-72			
Bordure gothique et renaissance par Scauresele et J. Jetot.. Sujet 30-41	Chromo	2 »	3 50
	Pour deuil, argent sur fond noir.	2 »	3 50
403. CANON D'AUTEL la Cène .... Jésus 53-72			
Avec ornements et figures mystiques, par Racinet ..... Sujet 23-87	Chromo	2 50	4 »
404. CANON D'AUTEL le Christ au tombeau ...... Raisin 50-65			
Ornements gothiques par J. Jetot, sur fond bleu ..... Sujet 24-37	Chromo	1 50	3 »
	Tout or, lettre noire	1 50	3 »
	En or et colorié	2 »	3 50
	Tout en noir	1 »	2 50
405. CANON D'AUTEL le Portement de Croix ...... 1/2 colombier .. 40-57			
Dessiné par Thurwenger .... Sujet 18-29	Chromo	1 »	2 »
	Tout en noir	0 50	1 50
406. GRAND CANON D'AUTEL la Mise au tombeau ... Raisin 50-65			
Lithographié par Thurwenger (en deux feuilles) .... Sujet 44-53	Chromo	6 »	9 »
407. CANON D'AUTEL Jésus descendu de la Croix ... 1/2 raisin .. 32-49			
Dessiné par J. Jetot, imprimé or bleu ou rouge ...... Sujet 15-25	Chromo	1 »	2 »
	Pour deuil, argent et noir ...	1 »	2 »
408. CANON D'AUTEL l'Eucharistie .... Jésus 55-72			
Lithographié par Lenoux .... Sujet 30-48	Chromo	2 »	3 50
409. GRAND CANON D'AUTEL l'Agneau de Dieu .... Jésus 55-72			
Style roman, dessiné par Denoy (en deux feuilles) .... Sujet 44-56	Chromo	6 »	9 »
410. CANON D'AUTEL .... Jésus 55-72			
Style oriental .... Sujet 28-43	Chromo	2 50	4 »
411. CANON D'AUTEL .... 1/2 gr. colombier. 63-45			
Style gothique (en deux feuilles) .... Sujet 30-45	Chromo	3 »	4 50
412. CANON D'AUTEL .... 1/2 jésus ... 27-36			
Simples filets d'encadrement bleu ou rouge .... Sujet 18-30	Chromo	0 50	1 50
413. CANON D'AUTEL l'Agneau divin .... Raisin 50-65			
Dessiné par J. Jetot .... Sujet 38-23	Chromo	1 50	3 »
414. CANON D'AUTEL le Précieux Sang .... Jésus 55-72			
Dessiné par J. Jetot .... Sujet 42-26	Chromo	2 »	3 50
415. GRAND CANON D'AUTEL le Sacré-Cœur ...... 1/2 gr. colombier. 63-45			
Pouvant se mettre dans des cadres forme ogivale, dessiné par Henry .... Sujet 35-54	Chromo	4 »	5 50
416. CANON D'AUTEL le Saint Sacrement .... Jésus 55-72			
Texte imprimé en gros caractères .... Sujet 36-29	Chromo	2 »	3 50
417. CANON D'AUTEL les 4 Evangélistes .... 1/2 gr. colombier. 63-45			
Texte imprimé en gros caractères .... Sujet 57-33	Chromo	2 50	4 »
418. CANON D'AUTEL .... Raisin 50-65			
Réduction du précédent .... Sujet 40-23	Chromo	1 50	3 »
419. CANON D'AUTEL la Passion .... Raisin 50-65			
Encadrement simple .... Sujet 40-23	Chromo	1 50	3 »
420. CANON D'AUTEL .... 1/2 gr. colombier. 63-45			
Ornementation gothique, gros caractères (en deux feuilles). Sujet 55-38	Chromo	2 50	4 »
421. CANON D'AUTEL la Cène .... Papier 57-40			
Ornementation, gravure .... Sujet 43-30	Chromo	1 25	2 75
422. CANON D'AUTEL .... Raisin 50-65			
Style moyen âge, riche fond gothique (en 2 feuilles) ... Sujet 43-30	Chromo	4 »	7 »
422 bis. CANON D'AUTEL .... 1/2 gr. col. deuil. 63-45			
Réduction du précédent. Filet encadrement .... Sujet 30-56	Chromo	2 »	3 50
423. CANON D'AUTEL .... Raisin 50-65			
Style moyen âge, fond gothique .... Sujet 30-42	Chromo	2 50	4 »

Pour les canons que l'on désirerait cartonnés avec la pièce du milieu pliante, on demande 1 franc en plus du prix du cartonnage.

CHEMINS DE CROIX

1. Le Petit Chemin de Croix DES ORATOIRES 1/4 raisin..... 24-32 { En noir................ 2 »
Lithographié en travers ovale, d'après les dessins de F. Wattier..... Sujet........ 15-31 { Couleur............... 4 »

Ce chemin de croix a été spécialement composé en vue des chapelles peu spacieuses.

3. Chemin de la Croix............ 1/2 raisin..... 49-32 { Noir................... 4 »
Lithographié en hauteur, d'après les dessins du frère Athanase...... Sujet........ 28-22 { Couleur............... 8 »
{ — sur châssis et verni.... 35 »

4. Chemin de Croix, LE CALVAIRE.... 1/2 raisin...... 32-49 { Noir................... 5 »
Lithographié en travers, d'après O. Tassaert............ Sujet........ 29-30 { Couleur............... 10 »
{ — sur châssis et verni.... 40 »

6. Moyen Chemin de Croix............ 1/2 colombier.... 40-57 { Noir................... 6 »
Lithographié en travers, d'après les modèles d'Italie........... Sujet........ 25-35 { Couleur............... 12 »
{ — sur châssis et verni.... 40 »

7. Chemin de Croix, VIA CRUCIS..... Jésus........ 55-72 { Noir................... 15 »
Lithographié en travers................... Sujet........ 32-46 { Couleur............... 30 »
{ — sur châssis et verni.... 60 »

8. Chemin de Croix, LA PASSION..... Grand colombier.. 63-90 { Noir................... 25 »
Lithographié en travers, d'après Ed. Wattier............. Sujet........ 42-64 { Couleur............... 50 »
{ — sur châssis et verni.... 100 »

9. Grand Chemin de Croix........... Grand aigle..... 74-105 { Noir................... 30 »
Lithographié en travers, d'après Tassaert............. Sujet........ 54-72 { Couleur............... 60 »
{ — sur châssis et verni.... 115 »

10. Chemin de Croix, LA RÉDEMPTION.. Grand monde... 84-107 { Noir................... 35 »
Lithographié en travers, d'après E. Wattier............ Sujet........ 61-86 { Couleur............... 70 »
{ — fond noir............ 100 »
{ — sur châssis et verni.... 150 »

NOTA. — Ce chemin de croix, l'un des plus grands publiés, convient parfaitement pour l'ornement des églises spacieuses.

11. Chemin de Croix en photographie..... Carte........ 41-29 { La collection............ 20 »
Reproduction de la collection n° 103................. Sujet........ 24-15 { — coloriée............ 50 »

NOTA. — Les titres de ces Chemins de croix sont en français, espagnol, anglais. — Ceux de nos correspondants qui désireraient faire reproduire ces chemins de croix en peinture, voudront bien nous désigner le numéro de la collection, et nous nous empresserons de leur en faire connaître le prix et le temps de l'exécution.

DÉTAIL DES SUJETS QUI COMPOSENT UN CHEMIN DE CROIX

N° 1. Jésus est condamné à mort.
2. Jésus est chargé de sa croix.
3. Jésus tombe sous le poids de sa croix.
4. Jésus rencontre Marie, sa mère.
5. Simon le Cyrénéen aide Jésus à porter sa croix.
6. Une femme pieuse essuie la face de Jésus-Christ.
7. Jésus tombe pour la seconde fois.

N° 8. Jésus console les filles de Jérusalem.
9. Jésus tombe pour la troisième fois.
10. Jésus est dépouillé de ses vêtements.
11. Jésus est attaché à la croix.
12. Jésus meurt sur la croix.
13. Jésus est détaché de la croix.
14. Jésus est mis dans le sépulcre.

ESTAMPES RELIGIEUSES

32 (2)   Chemin de Croix en **OLÉOGRAPHIE** en hauteur

Ce Chemin de Croix est fait d'après les peintures de A. Leloir qui ont été reproduites avec la plus grande fidélité

Un passe-partout impression chromo sur papier imitant cadre chêne avec moulure sur fond or, formant ogive, sur lequel s'encadre chaque station se vend séparément, ou ajusté aux stations sur châssis.

La collection des 14 stations en feuilles vernies	30 fr.	» Hauteur . . . . 50 cent.
— montées sur châssis, vernies	80	» Largeur . . . . 36 —
Bordure cadre passe-partout, vendu séparément . . . . La feuille	1 25	
Les 14 stations ajustées sur bordure cadre	60	» Hauteur . . . . 77 cent.
— — collées sur toile	80	» Largeur . . . . 48 —
Les 14 stations ajustées sur bordure cadre et montées sur châssis (forme carrée)	150	»
— — — (— ogive)	200	»

Voir pour le détail des Stations à la page 39.

Réduction du Chemin de Croix EN OLÉOGRAPHIE
RÉDUCTION EXACTE DE LA COLLECTION PRÉCÉDENTE

La collection des 14 stations, en feuilles vernies	12 fr.	Hauteur . . . 33 cent.
— — montées sur châssis, vernies	40 fr.	Largeur . . . 23 —

Petits Chemins de Croix CHROMO DÉPLIANT

14 stations imprimées en chrome	Le Chemin de Croix	2 fr. 50
— reliées par un ruban	—	3 »
— collées sur carte, format album forme ogive ou carrée	—	4 »
— gravées sur acier, entourage havane découpé en noir	—	1 75
— — couleur	—	3 »

---

193 (3)   Chemin de Croix **LA VOIE DOULOUREUSE** en hauteur

d'après les dessins du frère **ATHANASE**

FORMAT RAISIN JULIEN 68/54

Hauteur . . . . 68 cent.	Sujet noir, fond teinte	La collection	40 francs.
Largeur . . . . 54 —	— rehaut, fond teinte	—	70 —
	— couleur, fond ciel	—	160 —
	— — noir	—	160 —
	— — ciel, sur châssis et verni	—	280 —
	— — sur toile, sans châssis	—	220 —

LE MÊME SE VEND IMPRIMÉ SUR PAPIER GRAND COLOMBIER 90/63

Grand colombier	Sujet noir, fond teinte, marges blanches	La collection	55 francs.
Hauteur 90 cent. Largeur 63 cent.	— rehaut, fond teinte, —	—	100 —
Sujet	— couleur, fond ciel	—	200 —
Hauteur 68 cent. Largeur 54 cent.	— — noir	—	200 —
	— toutes marges, fond ciel	—	230 —
	— — sur châssis	—	370 —
	— marges blanches sur toile sans châssis	—	270 —
		—	240 —
	— sur châssis	—	340 —

ESTAMPES RELIGIEUSES — PAGE 41

194
( )

Chemin de Croix LA VOIE DOULOUREUSE en hauteur

réduction exacte du précédent

FORMAT 1/2 PETIT COLOMBIER 57/40

Hauteur.........57 cent.	Sujet noir, fond teinte.................	La collection.	20 francs.
Largeur..........40 —	— rehaut, fond teinte.........	—	35 —
	— couleur, fond ciel...........	—	80 —
	— — noir..................	—	80 —
	— — ciel, sur châssis et verni.......	—	140 —

LE MÊME SE VEND IMPRIMÉ SUR PAPIER 1/2 GRAND COLOMBIER 63/45

1/2 grand colombier	Sujet noir, fond teinte, marges blanches........	La collection.	27 fr. 50
Hauteur 63 cent. Largeur 45 cent.	— rehaut, fond teinte —	—	50 — »
	— couleur, fond ciel, —	—	100 — »
Sujet	— — noir, —	—	100 — »
Hauteur 57 cent. Largeur 40 cent.	— — toutes marges, fond ciel........	—	115 — »
	— — — sur châssis, forme ogive.......	—	300 — »

195
(3)

Chemin de Croix LE GOLGOTHA en travers

d'après les peintures de A. LELOIR

FORMAT JÉSUS 55/72

Hauteur....55 cent.	Sujet noir, fond teinte.................	La collection.	40 francs.
Largeur.....72 —	— rehaut, fond teinte...............	—	70 —
	— couleur fond ciel................	—	160 —
	— — noir.....................	—	160 —
	— — ciel, sur châssis et verni..........	—	280 —

LE MÊME SE VEND IMPRIMÉ SUR PAPIER GRAND COLOMBIER

Grand colombier.	Sujet noir, fond teinte, marges blanches........	La collection.	55 francs.
Hauteur 63 cent. Largeur 90 cent.	— rehaut, fond teinte...............	—	100 —
	— couleur fond ciel, marges blanches.......	—	200 —
Sujet.	— — — noir,...............	—	200 —
Hauteur 55 cent. Largeur 72 cent.	— couleur toutes marges, fond ciel.........	—	230 —
	— — — sur châssis...........	—	370 —

196
(3)

Chemin de Croix LE GOLGOTHA en travers

réduction exacte du précédent

FORMAT 1/2 PETIT COLOMBIER 40/57

Hauteur....40 cent.	Sujet noir, fond teinte.................	La collection.	20 francs.
Largeur.....57 —	— rehaut, fond teinte...............	—	35 —
	— couleur, fond ciel................	—	80 —
	— — noir.....................	—	80 —
	— — ciel, sur châssis et verni...........	—	140 —

LE MÊME SE VEND IMPRIMÉ SUR PAPIER 1/2 GRAND COLOMBIER 45/63

1/2 grand colombier.	Sujet noir, fond teinte, marges blanches........	La collection.	27 fr. 50
Hauteur 45 cent. Largeur 63 cent.	— rehaut —	—	50 — »
	— couleur fond ciel —	—	100 — »
Sujet	— — noir —	—	100 — »
Hauteur 40 cent. Largeur 57 cent.	— — toutes marges, fond ciel.........	—	115 — »

ESTAMPES FANTAISIE

POUR ENCADREMENT

NOIR ET COULEUR

ESTAMPES FANTAISIE — PAGE 45

52 (1)

HISTOIRES

Papier 1/4 colombier........ 31-46 centimètres. { Prix en noir.......... 0 fr. 15
Sujet............ 20-30   —   { — en couleur........ 0 — 25

N° 4. Esméralda et Phébus................ 4 sujets.
    5. Estelle et Némorin................. 4   —
    6. Guillaume Tell.................... 4   —
    7. Mathilde et Malek-Adel............. 4   —
    8. Paul et Virginie.................. 4   —
    9. Moïse........................... 6   —
   10. Joseph......................... 6   —
   15. Gil Blas de Santillane............ 4   —
   17. Gonzalve de Cordoue.............. 4   —
   18. Don Juan et Haydée............... 4   —
   20. L'Enfant Prodigue................ 4   —
   23. Mazaniello...................... 4   —
   24. Les quatre Heures du Jour......... 4   —
   25. Les Beaux-Arts................... 4   —
   26. Atala et Chactas................. 4   —
   27. Les quatre Parties du Monde....... 4   —
   28. Les quatre Éléments.............. 4   —
   29. Les quatre Saisons............... 4   —
   30. Sainte Philomène................. 4   —
   31. Le bon Père et la bonne Mère...... 2   —
   32. Le Départ et le Retour du Marin... 2   —
   33. Le Départ et le Retour du Pêcheur. 2   —

N° 34. Le Départ et le Retour de la Chasse.... 2 sujets.
   35. La Pêche et la Chasse.................. 2   —
   40. Deux Jours et deux Ans de Mariage...... 2   —
   52. Fernand Cortès....................... 6   —
   55. Le Cid.............................. 4   —
   56. Ivanohé............................. 4   —
   58. Mazeppa............................ 6   —
   59. Geneviève de Brabant................ 6   —
   60. Sujets bibliques.................... 6   —
   61. Jérusalem délivrée................... 6   —
   64. Les Incas.......................... 6   —
   65. Saint Jean-Baptiste................. 4   —
   66. Diane de Poitiers................... 4   —
   67. Roméo et Juliette................... 4   —
   68. Isabelle II la Catholique........... 4   —
   69. Christophe Colomb................... 6   —
   70. Washington......................... 4   —
   71. Héloïse et Abélard.................. 4   —
   72. Don Juan d'Autriche................. 4   —
   73. Inès de Castro..................... 4   —
   74. Maria de Padilla................... 6   —
   75. La Sainte Bible.................... 6   —

55 (1)

HISTOIRES 1/2 GRAND COLOMBIER

Format du papier........ 45-63 centimètres. { La feuille, en noir.......... 0 fr. 50
                                            { — en couleur............ 1 — »

Grandeur du sujet
Haut. Larg.

LE PARADIS TERRESTRE
6 sujets en travers.
1. Amour divin.
2. Amour maternel.
3. Amour paternel. } 25 38
4. Amour fraternel.
5. Amour.
6. Amour conjugal.

DON JUAN ET HAYDÉE
2 sujets en travers.
1. Don Juan et Haydée surpris par Lambro. } 29 37
2. Don Juan au Sérail.

LARA
2 sujets en travers.
1. Lara insulté au bal. } 29 37
2. Remords de Lara.

MAZEPPA
2 sujets en travers.
1. Mazeppa attaché sur un cheval sauvage. } 29 37
2. Mazeppa délivré par des Cosaques.

MAZEPPA, CONRAD ET SÉLIM
6 sujets lithographiés en travers.
1. Adieux de Conrad et de Médora.
2. Gulnare dans le cachot de Conrad.
3. Zuléika offrant une rose a Sélim. } 32 40
4. Sélim surpris par Giaffer.
5. Mazeppa et Thérèse.
6. Délivrance de Mazeppa.

LES GRANDS HOMMES
6 sujets lithographiés en travers.
1. Galilée inventeur du Télescope.
2. Mozart exécutant le *Miserere* d'Allegri.
3. Le Tasse va triompher a Rome. } 34 40
4. Volta devant le premier Consul.
5. Jules II dans l'atelier de Michel-Ange.
6. Murillo au palais de l'Escurial.

HISTOIRES SUR JÉSUS DITES MOYEN FORMAT

TITRES FRANÇAIS ET ESPAGNOLS

Format jésus........ 55-72 centimètres. { La feuille, en noir........ 0 fr. 75
— en couleur........ 1 — 50

			Grandeur du sujet Haut. Larg.	
1	**SCÈNES BRETONNES** 4 sujets en travers.	1. L'Assemblée. 2. Le Battage. 3. Le Marché. 4. Ronde bretonne.	35	45
2	**LES PEINTRES CÉLÈBRES** 4 sujets en hauteur Dessinés et lithographiés par Devéria.	1. Raphael Sanzio (peignant la Vierge à la Chaise). 2. Louis l'Arioste et sa maîtresse. 3. Rosa Salvator (peignant la maîtresse d'un chef de brigands). 4. Le Titien et sa maîtresse.	44	31
5	**GIL BLAS** 4 sujets lithographiés en travers.	1. Gil Blas sort du souterrain. 2. Aventure de la bague retrouvée. 3. Dévouement héroïque de Gil Blas. 4. Mariage de Gil Blas.	35	46
8	**GONZALVE DE CORDOUE** 4 sujets lithographiés en travers.	1. Première entrevue de Gonzalve de Cordoue et Zuléma. 2. Gonzalve de Cordoue luttant contre ses ennemis. 3. Zuléma secourant Gonzalve de Cordoue blessé. 4. Zuléma et son père délivrés par Gonzalve.	33	42
9	**LES GRANDS HOMMES** 6 sujets lithographiés en travers.	1. Galilée inventeur du télescope. 2. Mozart exécutant le *Miserere* d'Allegri. 3. Le Tasse va triompher à Rome. 4. Volta devant le premier Consul. 5. Jules II dans l'atelier de Michel-Ange. 6. Murillo au palais de l'Escurial.	35	45
11	**ROMÉO & JULIETTE** 4 sujets lithographiés en travers.	1. Roméo et Juliette dans les jardins de Vérone. 2. Roméo est couronné par Juliette. 3. Mariage de Roméo et Juliette. 4. Mort de Roméo et Juliette.	37	46
12	**FERNAND CORTÈS** 6 sujets lithographiés en travers.	1. Fernand Cortès arrive au Mexique. 2. Fernand Cortès vainqueur à Tabasco. 3. Fernand Cortès et Dona Marina. 4. Fernand Cortès brise les idoles. 5. Fernand Cortès brûle sa flotte. 6. Entrevue de Cortès et de Montézuma.	38	47
13	**DON JUAN** 4 sujets lithographiés en travers.	1. Première entrevue de don Juan et dona Florinde. 2. Don Juan recevant de Charles-Quint l'épée de François 1er. 3. Don Juan et Philippe II chez dona Florinde. 4. Réconciliation de Philippe II et de don Juan.	36	43
15	**PAUL & VIRGINIE** 4 sujets lithographiés en travers.	1. Enfance de Paul et Virginie. 2. Paul et Virginie passent le torrent. 3. Séparation de Paul et Virginie. 4. Mort de Virginie.	38	48
16	**LES JOIES DE LA FAMILLE** 4 sujets lithographiés en travers.	1. Retour de nourrice. 2. Les premiers pas. 3. La Fête de la Grand'Mère. 4. La corbeille de Mariage.	38	48
18	**CHRISTOPHE COLOMB** 6 sujets lithographiés en travers.	1. Colomb prend congé de la reine Isabelle. 2. Départ de Christophe Colomb. 3. Colomb montre la terre à ses marins. 4. Colomb débarque au Nouveau-Monde. 5. Retour de Christophe Colomb en Espagne. 6. Banquet offert à Christophe Colomb.	38	48
19	**INDUSTRIE** 2 sujets lithographiés en travers.	1. Serrurerie. 2. Menuiserie.	40	47

ESTAMPES FANTAISIE PAGE 47

			Grandeur du sujet	
			Haut.	Larg.
20	GUILLAUME TELL 4 sujets lithographiés en travers.	1. Guillaume Tell refuse de saluer la toque de Gessler. 2. Guillaume Tell enlève la pomme sur la tête de son fils. 3. Guillaume Tell échappe a Gessler. 4. Guillaume Tell tue Gessler.	37	49
22	MOISE 6 sujets lithographiés en travers.	1. Moïse sauvé des eaux. 2. La verge d'Aaron changée en serpent. 3. Bataille des Amalécites. 4. Moïse brise les tables de la loi. 5. Le serpent d'airain. 6. Moïse institue Josué son successeur.	36	48
23	SAINT JEAN-BAPTISTE 4 sujets lithographiés en travers.	1. Saint Jean-Baptiste prêchant dans le désert. 2. Saint Jean baptisant Notre-Seigneur. 3. Saint Jean-Baptiste devant Hérode. 4. Mort de saint Jean-Baptiste.	38	49
24	ESTHER 6 sujets lithographiés en travers.	1. La Toilette d'Esther. 2. Esther couronnée par Assuérus. 3. Évanouissement d'Esther. 4. Repas donné par Esther a Assuérus. 5. Aman arrêté par ordre d'Assuérus. 6. Triomphe de Mardochée.	38	49
25	JOSEPH 6 sujets lithographiés en travers.	1. Joseph racontant ses songes a ses frères. 2. Joseph vendu par ses frères. 3. Putiphar introduit Joseph dans sa maison. 4. Joseph élevé par Pharaon. 5. Joseph reconnu par ses frères. 6. Entrevue de Jacob et de Joseph.	38	49
26	INÈS DE CASTRO 4 sujets lithographiés en travers.	1. Inès de Castro partageant l'amour de Don Pèdre. 2. Alphonse VI veut faire renoncer Inès a son mariage. 3. Assassinat d'Inès de Castro. 4. Don Pèdre fait rendre les honneurs souverains au cadavre d'Inès.	38	49
27	LES QUATRE PARTIES DU MONDE 4 sujets lithographiés en travers.	1. L'Europe. 2. L'Asie. 3. L'Afrique. 4. L'Amérique.	38	49
28	LES QUATRE SAISONS 4 sujets lithographiés en travers.	1. Le Printemps. 2. L'Été. 3. L'Automne. 4. L'Hiver.	38	49
29	LES QUATRE ÉLÉMENTS 4 sujets lithographiés en travers.	1. La Terre. 2. L'Air. 3. Le Feu. 4. L'Eau.	38	49
30	LES HEURES DU JOUR 4 sujets lithographiés en travers.	1. Le Matin. 2. Le Midi. 3. Le Soir. 4. La Nuit.	38	49
31	SUJETS MORAUX 4 sujets lithographiés en hauteur.	1. Sympathie. 2. Bienfaisance. 3. Amour et sollicitude. 4. Amour et bonheur.	38	30
32	LES BEAUX-ARTS 4 sujets lithographiés en travers.	1. La Poésie. 2. La Musique. 3. La Peinture. 4. La Sculpture.	38	49

197 (3) SUJETS DE FANTAISIE (EN TRAVERS CARRÉ)
FORMAT JÉSUS 55/72

- 15. LE PRINTEMPS. (Plaisirs des champs.)
- 16. L'ÉTÉ. (La pleine Eau.)
- 17. L'AUTOMNE. (La Chasse.)
- 18. L'HIVER. (Le petit Souper.)

} Les Quatre Saisons ovales en travers

- 37. LA POÉSIE.
- 38. LA MUSIQUE.
- 39. LA PEINTURE.
- 40. LA SCULPTURE.

} Les Beaux-Arts

- 45. LA NUIT DE NOEL.
- 46. LE GATEAU DES ROIS.
- 47. LE VENDREDI SAINT.
- 48. LA FÊTE-DIEU.

} Fêtes de l'année

- 55. LE MARCHÉ AUX CHEVAUX. (En Normandie.)
- 56. LA FOIRE AUX BESTIAUX. (En Auvergne.)
- 57. TRAVAUX DES CHAMPS. (L'Automne.)
- 58. CULTURE DE LA TERRE. (Le Printemps.)

} Scènes champêtres

Ces sujets sont imprimés en diverses teintes graduées, et forment tableau par l'effet du coloris très fini et soigné

Jésus Hauteur 55 cent. Largeur 72 cent. } En noir avec teinte . . . . La feuille . . . 2 francs.
Sujet Hauteur 35 cent. Largeur 45 cent. } En couleur avec teintes graduées . . — . . . 4 —

198 (3) SUJETS DE FANTAISIE (EN HAUTEUR, FILET OR OVALE)
FORMAT JÉSUS 55/72

- 1. TOILETTE DU MATIN.
- 2. PRIÈRE DU SOIR.

{ Soins maternels Ovales en hauteur

- 3. TRÉSOR A PAPA.
- 4. BIJOU A MAMAN.

} Sujets de famille Ovales en hauteur

- 5. MON DIEU, JE VOUS DONNE MON COEUR.
- 6. DONNEZ-NOUS NOTRE PAIN QUOTIDIEN.

} Sujets moraux Ovales en hauteur

Ces sujets sont imprimés à plusieurs teintes, et d'un coloris très soigné

Jésus Hauteur 72 cent. Largeur 55 cent. } En noir avec teinte et filet or . . . . La feuille . . . 2 francs.
Sujet Hauteur 45 cent. Largeur 35 cent. } En couleur avec teintes graduées . . — . . . 4 —

199 (3) SUJETS DE FANTAISIE (EN TRAVERS, FILET OR OVALE)
FORMAT RAISIN 49/64, IMPRESSIONS DE COULEUR

- 1. LA TERRE. (Calme, Coucher du Soleil.)
- 2. L'AIR. (Orage.)
- 3. L'EAU. (Inondation, Clair de lune.)
- 4. LE FEU. (Incendie, Nuit.)

} LES QUATRE ÉLÉMENTS

- 1. LE PRINTEMPS. (Les Lilas, scène de Canotiers.)
- 2. L'ÉTÉ. (La Moisson et Danse des Moissonneurs.)
- 3. L'AUTOMNE. (Les Vendanges et Danse de Vendangeurs.)
- 4. L'HIVER. (Scènes de Patineurs.)

} LES QUATRE SAISONS

- 1. LE MATIN. (Pâtres conduisant leurs troupeaux.)
- 2. LE MIDI. (Travaux des champs.)
- 3. LE SOIR. (Caravane traversant la plaine.)
- 4. LA NUIT. (Promenade sur le Rhin.)

} LES QUATRE HEURES DU JOUR

Hauteur 49 cent. Largeur 64 cent. Sujet Hauteur 29 cent. Largeur 38 cent. } la feuille couleur . . . . 3 francs

200 (3) SUJETS GRACIEUX, DANSES (EN HAUTEUR, FILET OR)
FORMAT RAISIN 64/49, IMPRESSIONS DE COULEUR

- 1. ESPAGNE.
- 2. RUSSIE.
- 3. MAROC.
- 4. VALACHIE.

Raisin Hauteur 64 cent. Largeur 49 cent. Sujet Hauteur 38 cent. Largeur 28 cent. } la feuille couleur . . . . 3 francs

ESTAMPES FANTAISIE

²⁰¹₍₃₎ SUJETS ENFANTINS, LES BÉBÉS (EN TRAVERS, FILET OR OVALE)
FORMAT RAISIN 49/64, IMPRESSIONS DE COULEUR

1. Bébé médecin.
2. Le Miroir des Graces.
3. Bébé peintre.
4. Bébé musicien.
5. Bébé garde-malade.
6. Bébé maitre d'école.

Hauteur 49 cent. Largeur 64 cent. } la feuille couleur . . . . 3 francs
Sujet
Hauteur 30 cent. Largeur 38 cent. }

58₍₁₎ CHEVAUX ET VOITURES ATTELÉES

SUR JÉSUS 55/72 (EN TRAVERS)

Hauteur. . . . . 28 centimètres { En noir fond teinte. . . . . 1 fr. »
Largeur. 44   —   { En couleur fond gradué. . . . . 1 — 50

Nº 1. La Diligence (5 chevaux).
— 2. L'Estafette (4 chevaux).
Nº 3. La Chaise de Poste (4 chevaux).
— 4. La Malle-Poste (5 chevaux).

59₍₁₎ SUR JÉSUS 55/72 (EN TRAVERS)

Hauteur. . . . . 33 centimètres { En noir impressions teintes. . . . . . . 1 fr. »
Largeur. 48   —   { En couleur impressions graduées. . . . 3 — »

Nº 1. Chevaux anglo-normands (Calèche vis-à-vis).
— 2. —   de Tarbes   (Victoria).
— 3. Race limousine   (Jument et poulain).
— 4. —   hongroise   (Jument défendant son poulain).
— 5. Chevaux anglais   (Coupé).
— 6. —   irlandais   (Phaëton).
— 7. —   percherons (Retour des champs).
— 8. —   boulonnais (L'Abreuvoir).
Nº 9. Première leçon d'équitation (au pas).
— 10. Deuxième leçon d'équitation (au trot).
— 11. Attelage de culture.
— 12. —   de cabriolet.
— 13. Chevaux de trait.
— 14. —   de selle.
— 15. Break de chasse   (Retour de chasse).
— 16. Mail-Coach.   (—   course).

60₍₁₎ PAYSAGES

SUR JÉSUS 55/72 (EN TRAVERS)

Hauteur. . . . . 23 centimètres { En noir, la feuille. . . . . 0 fr. 75
Largeur. 48   —   { En couleur, la feuille. . . . . 1 — 50

Nº 1. Sous les Platanes.
— 2. Le Paturage.
Nº 3. L'Excursion sous bois.
— 4. Le Passage du bac.

61₍₁₎ SUR JÉSUS 55/72 (EN TRAVERS)

Hauteur. . . . . 33 centimètres { En noir, la feuille. . . . . 1 fr. »
Largeur. 48   —   { En impressions de couleur, la feuille. . 2 — »

Nº 1. Bords de la Marne (le matin).
— 2. Rives de l'Oise (le midi).
— 3. Rives de la Seine (soleil couchant).
— 4. Bords de la Loire (clair de lune).
— 5. La Promenade du soir sur le lac de Garde (Lombardie).
— 6. Le Déjeuner champêtre (dans les montagnes du Tyrol).
— 7. Le Chemin de halage (Souvenirs des bords de l'Oise).
Nº 8. Le Retour du marché (Souvenirs de Normandie).
— 9. Constantinople (les Jardins d'un Harem).
— 10. Retour de chasse (d'un roi Indien).
— 11. Environs de Beauvais (le chemin de l'étang, le matin).
— 12. Menaggio (rives du lac de Côme, le midi).
— 13. Au rendez-vous des rateliers (bords de l'Aisne, le soir).
— 14. Environs de Saint-Marcellin (bords de l'Isère, clair de lune).

Les nºˢ 5, 6, 7, 8, 9, 10 ne se vendent pas en noir.

62₍₁₎ SUR GRAND COLOMBIER 63/90 (EN TRAVERS)

Hauteur. . . . . 44 centimètres { En noir, la feuille. . . . . 2 fr. »
Largeur. 62   —   { En couleur, avec 2 teintes graduées, la feuille. 3 — »

Nº 1. En France (La Normandie).
— 2. En Russie (Les Steppes).
— 3. En Suisse (Les Alpes).
— 4. En Turquie (Le Bosphore).
— 5. Passage de la ligne.
— 6. Cap Horn.
— 7. Pôle austral (Sud).
— 8. Pôle boréal (Nord).
Nº 9. Vallée de Chamonix (Vue prise du Chapeau).   Suisse.
— 10. Rosenlaui (Le Wetterhorn et le Welhorn).
— 11. La Mer de Glace (Prise de Montanvert).
— 12. Le Wetterhorn (et la Vallée de Grindelwald).
— 13. Rives du lac de Genève (Côtes de Savoie).
— 14. Chute de la Sallanches (En Valais).
— 15. Lac de Brienz.
— 16. Glacier de Rosenlaui.

CHASSES

SUR QUART COLOMBIER 31/46
LA CHASSE AU CERF PAR CARLE VERNET

63 (1)

GRAVÉ PAR GAMBLE

COLLECTION DE VINGT-QUATRE FEUILLES REPRÉSENTANT TOUS LES DIFFÉRENTS ÉPISODES DE CETTE CHASSE

Hauteur................... 22 centimètres   } Prix de la feuille, en noir.............. 0 fr. 15
Largeur................... 27   —

- N° 1. Le Cerf près d'entrer à l'eau.
- — 2. Le Cerf faisant tête aux chiens sur terre.
- — 3. Valet de chiens requêtant des chiens.
- — 4. L'Hallali.
- — 5. La Curée.
- — 6. L'Instant de frapper aux brisées.
- — 7. Le Cerf à l'eau.
- — 8. Le Rendez-vous ou l'Assemblée.
- N° 9. L'Attaque.
- — 10. Le Cerf sur ses fins.
- — 11. Le Défaut.
- — 12. Le Rameuté.
- — 13. Cerf dix-cors à sa reposée.
- — 14. L'Accompagnée.
- — 15. Le Cerf lancé.
- — 16. Valet de limier travaillant un Cerf.
- N° 17. Étalons de chevaux de chasse.
- — 18. Valet de chiens avec sa harde en relais.
- — 19. Le Change.
- — 20. Le Débuché.
- — 21. Le Valet de limier entrant en quête.
- — 22. Une Harde qui découple.
- — 23. Le Défaut relevé.
- — 24. La Chasse.

64 (1)

SUR JÉSUS 55/72 (LITHOGRAPHIÉES EN TRAVERS)

Hauteur............... 32 centimètres { Prix de la feuille, en noir............. 0 fr. 75
Largeur............... 46   —   {   —   —   couleur............ 1 — 50

- N° 1. CHASSE AU SANGLIER.
- — 2. CHASSE AU TIGRE.
- — 3. CHASSE A L'OURS.
- N° 4. CHASSE AU CERF.
- — 5. CHASSE AU LION.
- N° 6. CHASSE AU KANGUROO.
- — 7. CHASSE AU CHEVREUIL.
- — 8. CHASSE A L'AUTRUCHE.

65 (1)

SUR JÉSUS 55/72 (LITHOGRAPHIÉES EN TRAVERS)

Hauteur............... 35 centimètres { Imprimées à deux teintes, en noir..... La feuille 1 fr. 50
Largeur............... 45   —   {   —   —   graduées couleur......   3 —

- N° 1. CHASSE AU FAISAN.
- — 2. CHASSE A LA PERDRIX.
- N° 3. CHASSE AU LIÈVRE.
- — 4. CHASSE AU CANARD.
- N° 5. CHASSE A LA BÉCASSE.
- — 6. CHASSE A L'ALOUETTE.

66 (1)

SUR GRAND COLOMBIER 63/90 (LITHOGRAPHIÉES EN TRAVERS)

Hauteur............... 59 centimètres { Imprimées à teintes graduées et coloriées, La feuille 3 fr.
Largeur............... 63   —

Ne se vendent pas en noir

- N° 1. CHASSE A L'OURS (Russie).
- — 2. CHASSE A L'HIPPOPOTAME (Afrique centrale).
- N° 3. CHASSE AU TIGRE (Grandes-Indes).
- — 4. CHASSE AU CONDOR (Australie).

BELLES COMPOSITIONS POUR SALLE A MANGER

SUR RAISIN JULIEN 54/68 (EN HAUTEUR)

Hauteur............... 68 centimètres { Sujet noir, fond teinté............. La feuille 1 fr. 50
Largeur............... 54   —   { Sujet rehaut, fond teinté..........   2 — 50

- N° 1. ÉTUDE DE GIBIER............. Lièvre, Perdrix rouge, Bécasse, Faisan et Perdrix grise.
- — 2. ÉTUDE DE POISSONS.......... Raie, Maquereau, Brochet, Rouget, Anguille, Langouste, Homard et Écrevisse.
- — 3. ÉTUDE DE FLEURS............ Roses, Pavots, Pivoines, Nénuphars, Clématites.
- — 4. ÉTUDE DE FRUITS............ Raisins et Pêches.

COURSES ET COMBATS DE TAUREAUX

69 (2)

SUJETS IMPRIMÉS EN CHROMO

12 sujets représentant les principales scènes et les plus émouvantes de la course. Ces dessins sont exécutés par un artiste espagnol et copiés sur le vif dans le pays.

Les 12 sujets sur une feuille .... La feuille. 1 fr. 50
— reliés en album.. L'album. 2 fr. »

Les titres des Sujets sont en Français, Espagnol, Anglais.

70 (1)

SUR 1/2 COLOMBIER 45/63 EN TRAVERS

SIX ÉPISODES LES PLUS ÉMOUVANTS DE LA COURSE

Hauteur .... 24 centimètres.
Largeur .... 37 —
En impressions de couleur ... La feuille. 1 fr. 25

N° 1. CAIDA DEL PICADOR. (Chute d'un Picador).
— 2. SUERTE DE BANDERILLAS. (Banderillo piquant la Banderilla).
— 3. SUERTE DE CAPA. (Banderillo excitant le Taureau).
N° 4. COGIDA DE UN TORO. (Torero enlevé par le taureau).
— 5. SUERTE DE PICA. (Coup de lance).
— 6. ESTOCADA. (Coup d'épée).

GUERRES ET BATAILLES

71 (1)

SUR JÉSUS 55/72 EN TRAVERS

Hauteur .... 32 centimètres.
Largeur .... 48 —
En noir avec teinte .... La feuille. 1 fr. »
En couleur avec teinte graduée. — 1 — 50

BATAILLES DE NAPOLÉON Iᵉʳ
N° 1. PASSAGE DU PONT D'ARCOLE.
— 2. BATAILLE DE MARENGO.
— 3. BATAILLE DES PYRAMIDES.
— 4. BATAILLE DE WATERLOO.
— 5. BATAILLE D'EYLAU.
— 6. BATAILLE D'AUSTERLITZ.

CAMPAGNE D'ITALIE
N° 1. BATAILLE DE MONTEBELLO.
— 2. BATAILLE DE PALESTRO.
— 3. BATAILLE DE MAGENTA.
— 4. BATAILLE DE SOLFÉRINO.
— 5. COMBAT DE MELAZZO.
— 6. COMBAT ET PRISE DE PALERME.

GUERRE D'ESPAGNE
N° 1. SIÈGE DE CARTHAGÈNE.
— 2. BATAILLE DE SOMORROSTRO.

GUERRE D'ORIENT
N° 1. BATAILLE DE L'ALMA.
— 2. BATAILLE D'INKERMANN.
— 3. BATAILLE DE LA TCHERNAÏA.
— 4. PRISE DE SÉBASTOPOL.
— 5. PASSAGE DU DANUBE.
— 6. COMBAT DANS LES DÉFILÉS DE CHIPKA.
— 7. PRISE DE KARS.
— 8. PRISE DE PLEWNA.

72 (1)

SUR GRAND COLOMBIER 63/90 EN TRAVERS

Hauteur .... 44 centimètres.
Largeur .... 68 —
En noir avec teinte .... La feuille. 1 fr. 25
En couleur avec teinte graduée. — 2 — 50

N° 1. BATAILLE DE L'ALMA.
— 2. BATAILLE D'INKERMANN.
N° 3. BATAILLE DE LA TCHERNAÏA.
— 4. BATAILLE DE SÉBASTOPOL.

MARINE CONTEMPORAINE

73 (1)

FORMAT JÉSUS EN TRAVERS

Papier .... 55-72 centimètres.
Sujet .... 31-48 —
La feuille en noir et teinte .... 1 fr. »
La feuille en couleur et graduée ...... 1 — 50

N° 1. *Le Taureau*, garde-côte cuirassé.
— 2. *La Numancia*, frégate espagnole.
— 3. *Le Castel-Fidardo*, frégate italienne.
— 4. *L'Arrogante*, batterie flottante.
— 5. Combat naval devant Carthagène.
— 6. Fuite des insurgés de Carthagène.
— 7. *Le Solférino*, frégate française.
N° 8. *L'Alma*, corvette française.
— 9. Naufrage du steamer *la Ville-du-Havre*.
— 10. *L'Amiral Baudin*, le *Formidable*, cuirassé de 1ᵉʳ rang.
— 11. Cⁱᵉ Gᵗᵉ Transatlantique, *Champagne*, *Bretagne*, *Bourgogne*, *Gascogne*.
— 12. *Maréchal-Bugeaud*, *Eugène-Pereire*, *Duc-de-Bragance*.

ESTAMPES FANTAISIE

VUES DES PRINCIPALES CAPITALES DU GLOBE

77
(1)

FORMAT JÉSUS EN TRAVERS
TITRES FRANÇAIS ET ESPAGNOLS

| Papier | 55-72 centimètres. | La feuille en noir et teinte | 1 fr. » |
| Sujet | 32-45 — | — couleur et graduée | 1 — 50 |

- N° 1. Palais du Champ-de-Mars.
- — 2. — Palais du Trocadéro.
- — 3. Paris vue du Palais de Justice.
- — 4. — vue du grand Opéra.
- — 5. — vue de la place du Palais-Royal.
- — 6. — vue de la Tour Saint-Jacques.
- — 7. — vue de la place Napoléon.
- — 8. — vue de l'Hôtel-de-Ville.
- — 9. Vue générale de Prague.
- — 10. Lyon, vue prise de Notre-Dame de Fourvières.
- — 11. — vue prise de la Guillotière.
- — 12. Vienne, vue générale.
- — 13. Salzburg, vue générale.
- — 14. Vue de New-York et de ses environs.
- — 15. Rome, vue générale prise du mont Janicule.
- — 16. Basilique de Saint-Pierre de Rome.
- — 17. Suisse, Berne.
- — 18. — Genève, vue prise du quai du Mont-Blanc.
- — 19. Palestine, Jérusalem, vue prise de la montagne des Oliviers.
- — 20. Florence, vue générale prise des environs de la porte Romaine.
- — 21. Palais de Versailles.
- — 22. — de Fontainebleau.
- — 23. — de Compiègne.
- — 24. — et parc de Saint-Cloud.
- — 25. Funchal (Madère).
- N° 26. Paris, vue prise des Champs-Élysées.
- — 27. — vue prise de l'Observatoire.
- — 28. — vue prise du quai d'Orsay.
- — 29. — vue prise de la tour Saint-Gervais.
- — 30. Madrid, vue générale.
- — 31. Tolède, vue générale.
- — 32. Milan, vue générale.
- — 33. Lyon, vue prise du quai Saint-Antoine.
- — 34. Londres, vue générale.
- — 35. Moscou, vue prise du Kremlin.
- — 36. Rome, vue prise du Monte-Pincio.
- — 37. Athènes, vue générale.
- — 38. Turin, —
- — 39. Florence, —
- — 40. Bale, —
- — 41. Insbruck, —
- — 42. Brescia, —
- — 43. Insbruck, —
- — 44. Buda-Pesth, —
- — 45. Monaco, —
- — 46. Paris, vue de Notre-Dame.
- — 47. — vue de Saint-Augustin.
- — 48. Lourdes (la Vallée), vue prise au-dessus de chemin de fer.
- — 49. — (Le Sanctuaire), l'église seule avec la grotte.
- — 50. Hôtel des Invalides.

PORTS DE MER

78
(1)

FORMAT JÉSUS EN TRAVERS
TITRES FRANÇAIS ET ESPAGNOLS

| Papier | 55-72 centimètres. | La feuille en noir et teinte | 1 fr. » |
| Sujet | 32-45 — | — couleur et graduée | 1 — 50 |

- N° 1. Constantinople, vue prise du Bosphore.
- — 2. Venise, vue générale.
- — 3. Naples, vue prise du Pausilippe.
- — 4. Marseille, vue générale.
- — 5. Malaga, vue prise de l'entrée du port.
- — 6. Le Havre, vue prise des fortifications.
- — 7. Barcelone, vue prise de Barcelonnette.
- — 8. Port-Mahon.
- — 9. Dieppe, vue prise du Pollet.
- — 10. Honfleur, vue prise de la jetée.
- — 11. La Corogne, vue prise de l'ancien cimetière du Lazaret.
- — 12. Santander.
- — 13. Marseille, vue générale, prise de Notre-Dame de la Garde.
- — 14. Gênes, vue prise des remparts.
- — 15. Londres, vue prise sur la Tamise.
- — 16. Ferrol, vue prise de la mer en face de Seijo.
- — 17. Bayonne, vue prise de la citadelle.
- — 18. Bilbao, vue prise du jardin des sœurs de la Conception.
- — 19. Séville, vue prise de Triana.
- — 20. Messine, vue du port franc.
- — 21. Palerme, vue générale du port et de la marine.
- — 22. Catane, vue générale prise de l'entrée du port.
- — 23. Cadix, vue prise du port.
- — 25. Hambourg.
- — 26. Liverpool.
- — 28. Ancône.
- — 29. Boulogne.
- — 34. Toulon, vue prise du port marchand.
- — 35. Gibraltar, vue prise de la baie.
- — 36. Sébastopol.
- — 37. Kronstadt.
- — 38. Bordeaux, vue prise de la Bastide.
- — 39. La Rochelle, vue prise du café Arrignon.
- N° 40. Bordeaux, vue prise des Chartrons.
- — 41. Cherbourg, vue prise de la jetée.
- — 42. Rio-Janeiro, vue prise de Saint-Domingue.
- — 43. Valparaiso, vue générale.
- — 44. Montevideo, vue prise du port.
- — 45. Buenos-Ayres, vue prise de la place de la Douane.
- — 46. Porto.
- — 47. Nantes.
- — 48. Lisbonne, vue prise de la mer.
- — 49. Brest.
- — 50. Venise, vue prise du quai des Esclavons.
- — 51. Trieste, vue générale de la ville.
- — 52. Alexandrie, vue générale prise du fort Cafarelli.
- — 53. Bombay et les montagnes du Malabar.
- — 54. Pondichéry, vue prise de la mer.
- — 55. Malte, vue prise de la mer.
- — 56. Granville, vue prise de la falaise.
- — 57. Tunis, vue prise de la route de la Goulette.
- — 58. Saint-Malo, vue prise du Sillon.
- — 59. Toulon, vue générale prise des chantiers du Mourillon.
- — 60. Alger, vue prise de la darse des Turcs.
- — 61. Nice.
- — 62. Le Cap, vue de la ville.
- — 63. La Havane, vue générale.
- — 64. San-Francisco.
- — 65. Isthme de Suez, vue du canal.
- — 66. Saint-Sébastien.
- — 67. Porto-Rico, vue générale.
- — 68. Valence, vue générale.
- — 69. Carthagène, vue générale.
- — 70. Alicante.
- — 71. Lisbonne.

79 VUES, PORTS DE MER ET MARINES

FORMAT GRAND COLOMBIER EN TRAVERS

Papier . . . . 63-90 centimètres. { La feuille en noir . . . . 1 franc.
Sujet . . . . 44-65 — { — couleur . . . . 2 —

N° 1. Pêcheurs napolitains, sur le golfe de Naples.
— 2. Naples, vue prise du Capo di Monte.
— 3. Gênes, vue prise de la Quarantaine.
— 4. Livourne.
— 5. Cadix, vue prise de la baie.
— 6. — vue prise du château de Saint-Sébastien.
— 7. Brest, vue prise de la rade.
— 8. Saint-Malo, vue prise de la route de Dol.
— 9. Mont Saint-Michel.
N° 10. Prise du Fort Saint-Jean d'Ulloa (27 novembre 1838).
— 11. Marseille.
— 12. Cherbourg, vue prise de la rade.
— 13. Embarquement a bord d'un bateau a vapeur.
— 14. Gênes, vue prise de la hauteur dite du Géant.
— 15. Nice, vue prise des hauteurs de Villefranche.
— 16. Berne, vue prise de la route de Thun.
— 17. Lucerne.

80 GRANDES VUES A VOL D'OISEAU

FORMAT COLOMBIER EN TRAVERS

Papier . . . . 63-90 centimètres. { La feuille en noir et teinte . . . . 2 francs.
Sujet . . . . 38-58 — { — couleur et graduée . . . . . . 3 —

N° 1. Vue générale de Paris, prise du rond-point des Champs-Élysées.
— 2. — prise au-dessus de l'Observatoire.
— 3. — prise de la colonne de Juillet.
— 4. — prise au-dessus du jardin des Tuileries.
— 5. Paris, vue du jardin des Tuileries, prise du grand bassin.
— 6. — vue générale du jardin du Palais-Royal.
— 7. — le Palais-Royal, vue prise au-dessus du café de la Rotonde.
— 8. — la place de la Concorde, vue prise du grand bassin des Tuileries.
— 9. Bois de Boulogne, vue prise au-dessus du moulin de Longchamps.
— 10. — vue prise au-dessus de la porte Dauphine.
— 11. Le Parc de Saint-Cloud, vue prise du bord de la Seine.
— 12. Versailles, vue prise du bassin d'Apollon.
— 13. Fontainebleau, vue prise de la barrière de l'Obélisque.
— 14. Rouen, vue prise de la côte Sainte-Catherine.
— 15. Le Havre, vue prise en mer au-dessus de l'entrée du port.
— 16. Bordeaux, vue prise au-dessus de l'église Saint-Louis des Chartrons.
— 17. Lyon, vue prise de la tour de Notre-Dame de Fourvières.
— 18. Lyon, vue prise au-dessus de la place de Brosse, à la Guillotière.
— 19. Genève, vue prise de l'hôtel des Bergues.
— 20. Lausanne, vue prise de l'Asile des aveugles.
— 21. Vevey, vue prise de Saint-Martin (lac Léman).
— 22. Fribourg, vue générale.
— 23. Berne, vue prise de la tour Goliath, ou Saint-Christophe.
— 24. Lucerne, vue prise de Gutsch, à l'ouest de la ville.
— 25. Zurich, vue prise au-dessus de la gare du chemin de fer.
— 26. Prague, vue prise au-dessus du nouveau chemin du Hradschin.
— 27. Venise, vue prise au-dessus de Saint-Barnabé.
— 28. Rome, vue prise du mont Janicule.
— 29. Londres, vue prise au-dessus du parc Saint-James.
— 30. New-York et Brooklyn, vue prise au-dessus de la batterie.
— 31. New-Orleans, vue prise d'Algiers.
— 32. Copenhague, vue prise au-dessus de l'entrée du port et de la citadelle.
— 33. Hambourg, vue prise au-dessus du grand Alster.
— 34. Mexico, vue générale.
— 35. Jérusalem, vue prise de la route de Jéricho.

ESTAMPES FANTAISIE

GRAVURES ANCIENNES

FORMAT GRAND AIGLE 7i/105

81 (s)
COLLECTION DE J.-B. GREUZE. 13 PLANCHES gravées par MARAIS. LEVASSEUR, GAILLARD, FLIPART, ETC.

Prix de la feuille en noir. . . . . 2 francs

Hauteur, 49 c.; — largeur, 63 c.

82 (s)
COLLECTION DE 4 PLANCHES gravées par AUDRAN et AVRIL

Prix de la feuille en noir. . . . . 2 francs

Hauteur, 53 c.; — largeur, 63 c.

FORMAT JÉSUS 55/72

83 (1)
COLLECTION DE 30 PLANCHES, sujets divers, gravés par BEAUVALET, BEAUMONT et BOVINET

Prix de la feuille en noir. . . . . 60 centimes

Hauteur, 44 c.; — largeur, 65 c.

FORMAT 1/2 PETIT COLOMBIER 31/44

84 (8)
SUJETS FLAMANDS

COLLECTION DE 34 PLANCHES, sujets divers gravés par AVELINE, LE BAS, BENAZECH, ETC.

Prix de la feuille en noir. . . . . 30 centimes

Hauteur, 32 c.; — largeur, 26 c.

85 (1)
FORMAT JÉSUS 72/55

L'ENTRÉE DE HENRI IV DANS PARIS

Par F. GÉRARD

Collection de 12 grandes têtes d'étude gravées par GÉRARD et représentant les principaux Personnages de ce Tableau

Prix de chaque feuille. . . . . 1 franc

Hauteur 50 c.; — largeur, 40 c.

86 (1)
FORMAT JÉSUS 72/55

MOÏSE TENANT LES TABLES DE LA LOI

PORTRAIT EN BUSTE, GRAVÉ AU BURIN PAR HUOT, D'APRÈS PHILIPPE DE CHAMPAIGNE

Prix : en noir, 1 fr. 25 c.; — en couleur, 4 francs

Hauteur, 56 c.; — largeur, 41 c.

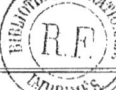

ARTICLES CLASSIQUES
CARTES ATLAS
DESSIN ET ENLUMINURE

MAPAS GEOGRAFICOS
ESCRITOS EN ESPAÑOL

178
(1)

ATLAS DE GEOGRAFÍA
ADOPTADO PARA LA INSTRUCCIÓN DE LA JUVENTUD

1/2 COLOMBIER .... 31 sur 45.	Precio de la hoja en color	0 fr. 30
	— del atlas —	6 50

Precedido de descripciones astronómicas redactadas de conformidad con las lecciones de F. ARAGO.
Nueva edición revista y aumentada, por LACOSTE.
Los mapas de este atlas se venden también por separado.

MAPAS QUE COMPONEN EL ATLAS

Nº 1. Sistema Solar.	Nº 9. América del Sur.	Nº 17. Estados Unidos.
— 2. Uranografia.	— 10. Oceanía.	— 18. Méjico.
— 3. Alturas de las Montañas.	— 11. Francia.	— 19. Brasil.
— 4. Mapa-Mundi.	— 12. España.	— 20. Chile y la Plata.
— 5. Europa.	— 13. Islas Británicas.	— 21. Perú y Bolivia.
— 6. Asia.	— 14. Italia.	— 22. Colombia, Ecuador, Para ó Venezuela.
— 7. Africa.	— 15. Suiza.	— 23. Las Antillas.
— 8. América del Norte.	— 16. Alemania.	

179
(1)

MAPAS SOBRE COLOMBIER

MAPA DE LA ISLA DE CUBA, indicando la Geografía física y política; también las grandes líneas de comunicación, por A. VUILLEMIN, geógrafo. . . . . El mapa en color. . . 0 fr. 75
MAPA FISICO E POLITICO DO REINO DE PORTUGAL, indicando as novas divisões territoriaes por PROVINCIAS e DISTRICTOS, us estradas de grande communicação, os caminhos de ferro e suas estações, etc.; feito por A. VUILLEMIN, geógrafo . . . . — sobre tela barnizado y con molduras de madera . . . 4 —
NUEVO MAPA FÍSICO Y POLÍTICO DE ESPAÑA Y DE PORTUGAL, por A. VUILLEMIN . . . .

180
(1)

ATLAS NACIONAL DE ESPAÑA
POR A.-H. DUFOUR

GRAND AIGLE. . . . . 71 sur 105	El mapa en color	1 fr. 50
	— encolado sobre tela barnizado y con molduras de madera	6 —
	Sobre tela sin molduras.	5 —

Nº 1. Planisferio.	Nº 8. Mapa de España.	Nº 15. Mapa de Valencia.
— 2. Mapa-Mundi.	— 9. — Galicia.	— 16. — Castilla la Nueva.
— 3. Mapa de Europa.	— 10. — del Reino de León.	— 17. — Estramadura.
— 4. — Asia.	— 11. — Castilla la Vieja.	— 18. — Andalucía.
— 5. — Africa.	— 12. — Navarra.	— 19. — Murcia.
— 6. — América.	— 13. — Aragón.	— 20. — Islas Baleares.
— 7. — Oceanía.	— 14. — Cataluña.	

181
(1)

NUEVO ATLAS DE MAPAS MURALES
POR A. DELAMARRE

En 4 hojas jesús . . . . 55—72 cent.	El mapa en color en hojas	3 fr.
El mapa montado. . . . . 1—1,30	— montado en madera y barnizado	9 —

Estos Mapas, sacados según documentos de los mejores geógrafos y completados con las relaciones de los últimos exploradores, están especialmente dispuestos para servir á la instrucción. Todas las vías de comunicación indicadas puntualmente en ellos, los hacen recomendables asimismo á las oficinas de administración.

Nº 1. Mapa-Mundi.	Nº 4. Mapa de Africa.	Nº 7. Mapa de Oceanía.
— 2. Mapa de Europa.	— 5. — América del Norte.	— 8. — España.
— 3. — Asia.	— 6. — — Sur.	— 9. — América Central.

ARTICLES CLASSIQUES

PRINCIPES, TÊTES D'ÉTUDE ET ACADÉMIES

87 COURS PROGRESSIF ET ÉLÉMENTAIRE A L'USAGE DES ÉCOLES. . . . 1/4 raisin. . La feuille. . . En noir. . . . 0 fr. 10
(1) Collection de 60 feuilles dessinées d'après nature et les grands maîtres par A. MAURIN.

88 PRINCIPES, YEUX, NEZ, BOUCHES, OREILLES, MAINS, PIEDS. . . . . . 1/4 colombier. . — — 0 — 15
(1) Collection de sept feuilles dessinées d'après nature et d'après l'antique.

89 COURS DE DESSIN POUR LA FIGURE. . . . . 1/2 raisin. . — — 0 — 20
(1) Depuis les premiers principes jusqu'à l'Académie, collection 12 feuilles à deux carrés sur chacune, par J. CAROT d'après GÉRARD, LE DOMINIQUIN, etc.

90 L'ALBUM DES GRANDS MAITRES. . . . . 1/2 raisin. . — — 0 — 20
(1) Six feuilles études et croquis à deux carrés sur chacune, par J. CAROT, d'après MICHEL-ANGE, LÉONARD DE VINCI, RAPHAEL, RUBENS, MURILLO, etc., etc.

91 L'ÉCOLE DES BEAUX-ARTS. . . . . 1/2 raisin. . — — 0 — 20
(1) Six feuilles croquis à deux carrés sur chacune, lithographiées à la plume par THURWANGER, d'après RAPHAEL, LE TITIEN, REMBRANDT, etc., etc.

92 COURS ÉLÉMENTAIRE ET PROGRESSIF DE DESSIN POUR LA FIGURE. 1/2 raisin. . — — 0 — 20
(1) Collection de 60 feuilles dessinées et lithographiées par CHATILLON.

ÉTUDES D'ANIMAUX

95 CROQUIS D'ANIMAUX PAR V. ADAM . . . . 1/2 jésus. . . . En noir. . . 0 fr. 30
(1) Collection de 12 feuilles, animaux variés, à 4 sur la feuille . . . . — . . . En couleur. . . 1 — 25

96 CHEVAUX CARLE VERNET . . . . 1/2 colombier. . . En noir. . . . . 0 — 40
(1) Collection de soixante-quinze belles compositions de chevaux de toutes races, dans les poses les plus variées, et faites en vue de l'étude.

ÉTUDES DE FLEURS, FRUITS, OISEAUX, ORNEMENTS

104 ÉTUDES VARIÉES D'ORNEMENTS, six feuilles à quatre modèles sur chaque, litho-
(1) graphiées par CAROT . . . . 1/2 jésus, la feuille . . . . 0 fr. 30

105 ÉTUDES DE FLEURS ET FRUITS, dessinées d'après nature, par J. FETTE, PASCAL et
(1) GUENEBEAUD. . . . . 1/4 jésus. . . . . Noir . . . 0 — 15
Série de 83 modèles . . . . — Couleur. . 0 — 40

106 GROUPES DE FLEURS, FRUITS, OISEAUX, INSECTES ET AUTRES . . . 1/4 colombier. . . . Noir . . . 0 — 15
(1) vingt-quatre compositions, par PARIS et lithographiées par GAILLARD. . . . . — Couleur. . 0 — 50

ALBUMS DE DESSINS POUR LA FIGURE

135 PETIT COURS DE DESSIN EN **12** LEÇONS................................ L'album noir .... 1 fr. "
(1)   Un album; premiers principes et têtes d'étude.

136 COURS DE DESSIN POUR LA FIGURE..................................... — .... 1 — 50
(1)   Deux albums de 12 feuilles chacun, par Canot.

137 COURS DE DESSIN POUR LA FIGURE EN **12** LEÇONS.................... — .... 1 — 50
(1)   Un album par A. Maurin.

138 COURS DE DESSIN POUR LA FIGURE EN **20** LEÇONS.................... — .... 2 — "
(1)   Un album par A. Maurin.

139 ALBUM DES GRANDS MAITRES.. — .... 1 — 25
(1)   Collection de 12 feuilles de croquis, dessinés et lithographiés par J. Canot, d'après Michel-Ange, Le Dominiquin, Léonard de Vinci, Raphael, Le Guide, Lebrun, Le Poussin, Lesueur, Murillo, Ribeira, Rubens et Téniers.

140 L'ÉCOLE DES BEAUX-ARTS.. — .... 1 — 25
(1)   Album composé de 12 feuilles, études et croquis dessinés et lithographiés à la plume par Thurwanger frères, d'après les tableaux de Raphael, Le Titien, Salvator Rosa, Le Poussin, Lesueur, Lebrun, Greuze, Joseph Vernet, Rubens, Rembrandt, Berghem, Téniers.

MODÈLES D'ÉCRITURES, CHIFFRES ENTRELACÉS, ÉCUSSONS

115 ALPHABETS, MODÈLES DE LETTRES DÉDIÉS AUX ARTISTES................. La feuille 0 fr. 20
(1)   Quatre feuilles gravées sur pierre par J. Blondeau, 6 modèles différents sur chaque feuille.

116 MODÈLES D'ALPHABETS ORNÉS POUR LES PEINTRES DE LETTRES.............. — 0 — 20
(1)   Collection de huit feuilles dessinées et gravées sur pierre par Jules Landa.

117 MODÈLES D'ALPHABETS ARTISTIQUES FRANÇAIS ET ÉTRANGERS.............. — 0 — 20
(1)   Recueil de 12 feuilles à 2 compositions sur chaque feuille, à l'usage des peintres, etc., etc., dessinées par P. Maué, et lithographiées par Th. Mainberger, imprimées en couleurs.

118 CHIFFRES ANCIENS ET MODERNES.. — 1 — 50
(1)   Dessinés par J. Jetot et imprimés en chromolithographie en 3 couleurs.

119 CHIFFRES INITIALES.. — 2 — "
(1)   Dessinés par J. Jetot et imprimés en chromolithographie en 9 couleurs.

120 PAVILLONS DES PRINCIPAUX ÉTATS DU GLOBE............... 1/2 jésus... — 1 — "
(1)   Tableau dessiné par F. Courtin et imprimé en chromolithographie.

121 PAVILLONS DES PRINCIPALES PUISSANCES DU GLOBE............ Jésus.... — 1 — 50
(1)   Tableau dessiné par A. Vuillemin et imprimé en chromolithographie...... L'album. 2 — "

122 ÉLÉMENTS GÉNÉRAUX DU BLASON ET ARMOIRIES....................... La feuille 1 — 50
(1)   Tableau dessiné par F. Courtin et imprimé en chromolithographie........ L'album.. 2 — "

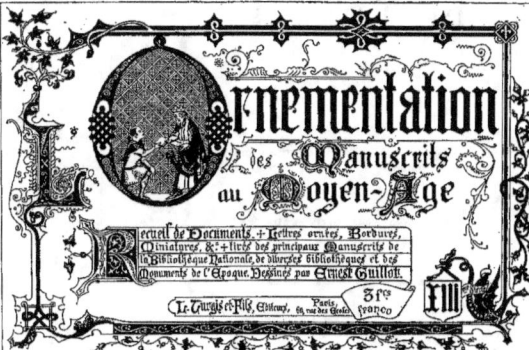

170
(2) Cliché de la couverture réduite au quart de sa grandeur.

ENLUMINURE

COURS PRATIQUES
EN FRAGMENTS DE STYLE
Devant servir à toutes sortes d'applications
COMPOSANT DES ALBUMS
Chacun d'un siècle
DE 16 FEUILLETS PAR ALBUM
Mesurant l'un : 15 sur 23 centimètres

Tous les motifs sont traités en couleurs miniature.

ENLUMINURE ET ORNEMENTATION AU XIIIᵉ SIÈCLE
UN ALBUM : 2 FR. 50

On y trouve une miniature tirée du psautier de saint Louis; la reproduction d'une page de l'Évangéliaire de la Sainte-Chapelle; d'un psautier latin; des détails tirés des peintures de Notre-Dame de Paris; de Saint-Remy à Reims; d'une Bible latine, etc. — Alphabet du siècle en divers caractères, etc., etc.

XIVᵉ SIÈCLE — UN ALBUM : 2 FR. 50

Parmi tous les documents qui composent cet album, nous citerons : la reproduction d'une miniature de la Bible du roi Jean; miniature de la vie de saint Louis; morceaux de la cathédrale d'Amiens; de la cathédrale de Bordeaux; de Saint-Julien-le-Pauvre à Paris; divers, tirés du Dante; Bible italienne, portrait de saint Louis; lettres initiales des chartes de Charles V; bordures variées; objets divers de l'époque, du XIVᵉ siècle; alphabets.

XVᵉ SIÈCLE — L'ALBUM : 2 FR. 50

La richesse des bordures et miniatures de ce siècle sont la partie la plus intéressante et la plus complète de cet album : tirées des heures de Notre-Dame de Paris, de la Bibliothèque nationale, de vieux manuscrits et documents du musée de Cluny, des heures illuminées; l'album contient des documents tels que : vitraux de Saint-Sévérin; rosace de la Sainte-Chapelle; alphabets variés et fragments divers.

XVIᵉ SIÈCLE — L'ALBUM : 2 FR. 50

On remarque surtout les grandes finesses de ton et les teintes si suaves qui font le charme de l'ornementation en ce siècle. Les documents que donne cet album font parfaitement ressortir ces deux caractères particuliers; ils ont été choisis à ces deux points de vue dans les livres d'heures de la Bibliothèque nationale, les incunables, pris sur certains monuments, tels que Saint-Maclou à Rouen; tombeau de François II à Nantes; musée du Louvre; cathédrale de Chartres; porte Doria à Gênes; château de Blois, relevés également sur des manuscrits de l'époque. Nous avons aussi intercalé des spécimens de lettres dont l'originalité et l'élégance sont typiques.

ALPHABETS DE STYLE — L'ALBUM : 2 FRANCS

Cet album, fait d'après des documents authentiques des XIᵉ, XIIIᵉ, XIVᵉ, XVᵉ et XVIᵉ siècles, contient 14 alphabets et motifs de vignettes. Tous les alphabets étant interprétés en couleurs pour servir de modèles de lettres et d'enluminures applicables à toutes sortes de travaux: les lettres sont tirées de manuscrits divers de la Bibliothèque nationale, de la Bible du roi Jean, de manuscrits italiens, espagnols, etc.; alphabets celtiques et composés d'éléments archéologiques.

FLEURS POUR AQUARELLES MINIATURES ET ORNEMENTATION
L'ALBUM : 3 FR. 50

Comprenant 16 feuillets chacun d'environ 8 motifs variés de fleurs et feuillages, le tout en couleur, et applicables à l'enluminure par la fleur naturelle, à la décoration, aux émaux, émaux cloisonnés, à la faïence, à la damasquinerie, à la verrerie, à la ciselure, à l'ivoire sculpté, à la mosaïque, aux vitraux, cuir frappé.

Cet album, le plus intéressant qui ait été fait de nos jours, est le plus à la portée de ceux qui veulent se livrer au dessin de ces divers genres, spécial pour les pensionnats et les cours de dessins; tous les motifs sont traités en miniatures.

ALBUMS DE LETTRES

171 LA LETTRE INDUSTRIELLE.. L'album . 2 fr. »
(1)   Un album contenant 24 feuilles modèles nouveaux de lettres ornées pour dessinateurs, graveurs, peintres, lithographes, sculpteurs, etc., composé et exécuté à la plume par A. GUIBAL, professeur d'écriture.

172 RECUEIL D'ALPHABETS DÉDIÉS AUX ARTISTES... — . . 1 — 25
(1)   Un album contenant 24 feuilles modèles de lettres en tous genres, par J. BLONDEAU.

173 LE PEINTRE DE LETTRES... — . . 2 — »
(1)   Un album contenant 24 modèles d'alphabets ornés, pour les peintres de lettres, dessinés et gravés sur pierre par J. LANDA.

174 ALPHABETS ARTISTIQUES FRANÇAIS ET ÉTRANGERS...................................... — . . 2 — 50
(1)   Recueil de 24 feuilles contenant 42 alphabets et jeux de chiffres ornés, à l'usage des peintres, graveurs, etc., dessinés par P. MAUR et lithographiés par TH. MAINBERGER ; imprimés en noir et couleurs variées.

175 CHIFFRES ANCIENS ET MODERNES.. — . . 2 — 50
(1)   Un album imprimé en chromolithographie à 3 couleurs, dessiné par J. JETOT.

176 CHIFFRES, INITIALES... — . . 3 — »
(1)   Un album imprimé en chromolithographie à 9 couleurs, dessiné par J. JETOT.

177 CHIFFRES A DEUX LETTRES ENTRELACÉES A L'ANGLAISE................................... — . . 0 — 75
(1)   Un cahier chiffres à deux lettres entrelacées à l'anglaise, gravés par TOUSSAINT.

PARIS. — IMPRIMERIE P. MOUILLOT, 13, QUAI VOLTAIRE — 51499.

www.ingramcontent.com/pod-product-compliance
Lightning Source LLC
Chambersburg PA
CBHW050020230526
45470CB00003B/1051